Gavin $\frac{89}{90}$

A

Wilhelm Matthießen

DIE GRÜNE SCHULE

Wilhelm Matthießen

DIE GRÜNE SCHULE

Märchen zum Lesen und Vorlesen

Herder Freiburg · Basel · Wien

2. Auflage
Jubiläumsausgabe
Herausgegeben von Anton Baumeister

Einband und Illustrationen:
Barbara Bedrischka-Bös

Die Erstausgabe erschien 1931
© Verlag Herder Freiburg im Breisgau 1985
Alle Rechte vorbehalten – Printed in Germany
Herstellung: Freiburger Graphische Betriebe 1986
ISBN 3-451-20328-6

Inhalt

Ihr wißt, nicht weit von der Stadt, am Wald, mitten in einem großen Garten, da steht das alte Haus. Und in dem alten Haus wohnt die Großmutter, da wohnen die drei Tiere der Großmutter, Bautz, der alte Hund, Krahks, der uralte Hahn, und die ururalte Katze Murks. Und oft kommen in das alte Haus die Kinder zu ihrer Großmutter, der Peter und die Gretel.

Und jeden Tag, wenn die Kinder aus dem Stadttor kommen, da sitzt der uralte Hahn Krahks hoch auf dem Heuspeicher im Speicherfenster, und wenn er die Kinder sieht zwischen den Hecken

und auf dem Weg durch die Gärten, dann ruft er
ganz laut:

„Großmutter, kikeriki,
gleich sind die Kinder wieder hie!"

Das hört dann Bautz, der alte Hund; der liegt in
der Küche hinter dem Herd und schläft. Und
gleich streckt er sich und macht sich die Küchentür auf und die Haustür und das Gartentörchen,
und rennt über den Wiesenweg und holt die Kinder ab.
Und die uralte Katze Murks liegt auf der Fensterbank neben dem Strickzeug der Großmutter
und schläft und schnurrt. Und wenn sie merkt,
daß der alte Hund Bautz so dahinrennt, dann steht
sie ganz langsam auf, macht einen großen Katzenbuckel und gähnt und sagt zu der Großmutter:

„Großmutter, hörst den Bautz du bellen?
Du mußt die Milch aufs Feuer stellen!
Dann sind die guten Kinder froh,
Miau, miau, mioh!"

Wenn die Großmutter das hört, stellt sie gleich
ein Kesselchen Milch auf den Herd. Und die
Katze Murks springt herunter von der Fenster-

bank und geht durch den Garten und klettert auf den Gartenzaun und setzt sich und wartet, bis die Kinder kommen.

Aber auch Krahks, der uralte Hahn, kommt vom Speicher geflogen und setzt sich auf den Gartenzaun und wartet. Und wenn die Kinder kommen, dann gehen sie alle ins alte Haus, zuerst Bautz, der alte Hund, dann Krahks, der uralte Hahn, hinterher die ururalte Katze Murks und zuletzt die Kinder.

Und in der Küche hat die Großmutter schon zwei Milchgläser auf den Tisch gestellt, darin dampft die warme Milch, und neben jedes Milchglas hat sie ein großes Butterbrot gelegt. Auch der alte Hund Bautz bekommt ein Butterbrot, und ein kleines Butterbrot der uralte Hahn. Und die ururalte Katze Murks bekommt ein Untertäßchen mit Milch neben den Herd gestellt.

Nun war einmal viele, viele Tage lang ein großer Sturm, es hat geregnet, es hat geschneit, es hat gehagelt in dicken Körnern. Da konnten die Kinder nicht hinausgehen zur Großmutter im alten Haus.

Und die Großmutter und die Tiere saßen im alten Haus und warteten.

Den ganzen Tag saß der Hahn Krahks im Heuspeicherfenster und schaute zum Stadttor. Aber

9

es regnete und regnete, der Wind patschte das Wasser an die Scheiben, und die Wolken waren so schwarz, daß der uralte Hahn die Häuser und Türme der Stadt nicht sehen konnte.

Da nahm die Großmutter endlich einmal ihren Kalender in die Hand, setzte die Brille auf die Nase und las eine ganze Weile. Dann klappte sie das Buch zu, und sie sagte zu ihren Tieren: „Ich glaube, ich glaube!"

„Was glaubst du denn, Großmutter?" fragten die Tiere.

„Ich glaube", sagte die Großmutter, „es hört zu regnen auf, und dann blühen alle Blumen."

Und gleich holte sie Mehl und Salz und Butter und Schmalz und Eier und Zucker und Rosinen hervor und fing an, einen großen Kuchen zu bakken.

Da freuten sich die guten Tiere, denn wenn die Großmutter Kuchen backt, dann kommen auch die Kinder bald wieder ins alte Haus. Und gleich flog der uralte Hahn Krahks wieder auf den Heuspeicher und paßte auf.

Und wirklich: am anderen Morgen schien die Sonne über den Dächern der Stadt, und über den Wiesen und Bergen war lauter Dunst und Nebel – so verdampfte der Regen.

Und wieder ein Tag, da blühten im Wald die Anemonen wie tausend weiße Sternchen. Und noch ein Tag, da standen auf den Wiesen die Schlüsselblumen, und alle Wiesen waren gelb von lauter Schlüsselblumen.

Und da liefen die Kinder gleich am Morgen klipper, klapper über die Straßen und zum Tor hinaus auf den Wiesenweg zum alten Haus.

Und sie waren noch gar nicht weit, da sahen sie, wie ein großes Tier gerannt kam, und das war Bautz, der alte Hund.

Aber der alte Hund Bautz sprang gar nicht um sie herum, er sagte nur: „Da seid ihr ja, ach, ach, ach, ihr armen, armen Kinder."

„Bautz, alter Hund", fragte der Peter, „warum sagst du denn: ach, ach, ach, ihr armen, armen Kinder? Ist die Großmutter krank geworden im alten Haus?"

„Nein", sagte der alte Hund Bautz und ging mit den Kindern weiter, „nein, ihr armen, armen Kinder. Die Großmutter ist gesund, sogar sehr gesund ist sie. Und sie hat sogar einen Kuchen gebacken, einen sehr großen Kuchen hat sie gebacken, ach, ihr armen, armen Kinder."

Da sagte die Gretel: „Bautz, alter Hund, wir haben einen Vater, wir haben eine Mutter, wir haben sogar eine Großmutter. Und wir haben Schuhe und haben Kleider, und Butterbrote kriegen wir auch und gleich sogar Kuchen. Warum sind wir denn arme Kinder?"

„Ach, ach, ach" sagte der alte Hund, „ich möcht es euch ja gern sagen, aber ich bin viel zu bang dafür."

„Bist du ein dummer Bautz", lachten da die Kinder, und sie pflückten für die Großmutter einen wunderschönen Strauß Schlüsselblumen auf der Wiese.

Da auf einmal rauschte es durch die Luft heran, und der uralte Hahn Krahks setzte sich auf den Zaun, schlug mit den Flügeln und sagte: „Da seid ihr ja, kikeriki! Ach, ach, ach, ihr armen, armen Kinder!"

„Nun kommst du auch noch, uralter Hahn", sagte der Peter, „und sagst: ach, ach, ach, ihr armen, armen Kinder! Warum sind wir denn arme Kinder?"

„Kikeriki", krähte der Hahn, „ihr seid sogar sehr arme Kinder! Aber warum ihr so arme Kinder seid, das zu sagen trau ich mich gar nicht."

Als die Kinder das hörten, erschraken sie doch, und eins zwei drei liefen sie zum alten Haus. Dort auf dem Gartenzaun saß schon die ururalte Katze Murks, und als sie die Kinder sah, machte sie einen großen Katzenbuckel, gähnte und sagte: „Da seid ihr ja, ihr armen, armen Kinder."

Aber der Peter antwortete: „Murks, ururalte Katze, warum sind wir eigentlich arme Kinder? Sag es uns doch bitte. Aber dafür bist du natürlich auch zu bange."

„Miau", sagte sie, „die ururalte Katze Murks ist nicht zu bange, die ist nämlich überhaupt nie bange."

„Aber liebe gute Katze Murks", rief die Gretel, „dann sag uns doch, warum wir arme Kinder sind."

„Miau", sagte die Katze Murks, „ich will es euch sagen. Ihr seid so arme, arme Kinder, weil ihr nach Ostern in die Schule müßt. Und das I-Männchen war schon bei der Großmutter und hat gesagt, was ihr dann alles mitbringen müßt! So, was sagt ihr jetzt?"

Aber die Kinder lachten nur, und sie freuten sich, und sie sagten: „Was seid ihr doch für Angsthasen! Daß wir in die Schule kommen, das haben wir schon lange gewußt. Aber daß es ein I-Männchen gibt, nein, das haben wir noch nicht gewußt."

„Da bin ich aber froh", sagte der alte Hund Bautz, „denn dann seid ihr ja keine armen Kinder. Wir haben schon gedacht, Milch und Kuchen würden euch heute gar nicht schmecken."

Und da liefen sie alle zusammen ins alte Haus, und die Großmutter freute sich sehr. Und sie schnitt den Kuchen auf und goß die Milch in die Gläser, und dann sagte sie: „Kinder, gestern, denkt euch, ist das gute I-Männchen hier gewesen und hat mir einen Zettel dagelassen, damit ihr wißt, wann ihr in die grüne Schule kommen und was ihr mitbringen sollt."

„Großmutter", fragte die Gretel, „wer ist das eigentlich, das I-Männchen? Gibt es das in jeder Schule? Denn die Kinder in der Stadt haben noch nie von einem I-Männchen erzählt."

„Ja", sagte die Großmutter, „dann haben sie nicht richtig aufgepaßt. Denn natürlich gibt es in jeder Schule ein I-Männchen. Und darum will ich euch gleich erzählen

Das Märchen
vom I-Männchen

Vor vielen hundert Jahren, da gab es in der grünen Schule noch kein I-Männchen. Und da kam einmal ein Zwerg vom Wald in die Schule, klopfte an die Tür, und der Herr Lehrer rief: „Herein!"

Und der Zwerg machte die Tür auf und sagte: „Guten Tag, Herr Lehrer!"

„Guten Tag, kleiner Zwerg", sagte der Lehrer, „was willst du denn in der grünen Schule? Du willst mir doch die Kinder nicht bange machen?"

„Herr Lehrer", riefen da die Kinder, „vor den guten Zwergen sind wir doch nicht bange."

Aber der kleine Zwerg machte ganz wilde Augen und sagte: „Kinder, ich kann aber auch ein böser Zwerg werden, ein sehr böser Zwerg sogar. Denn warum werft ihr immer euer Butterbrotpapier auf den Schulhof! Und dann kommt der Wind und weht es uns in den Wald – nein, das mögen wir Zwerge überhaupt nicht."

Da wurden die Kinder auf einmal ganz still.

Und wieder sagte der kleine Zwerg: „Herr Lehrer, ihr habt bestimmt ein sehr faules I-Männchen in der grünen Schule? Denn ordentliche I-Männchen heben das Butterbrotpapier auf, und wenn noch ein bißchen Butter oder Schmalz dran ist, dann lecken ordentliche I-Männchen das ab. Bringt mir mal sofort euer I-Männchen her!"

„Aber, kleiner Zwerg", sagte da der Lehrer, „wir haben kein faules I-Männchen in der grünen Schule. Wir haben überhaupt kein I-Männchen!"

„Ach so!", sagte der Zwerg, „und darum laufen auch die Mäuse hier im Schulzimmer herum, als wenn sie zuhause wären. Ja, da will ich sofort einmal in die Stadt gehen zu dem großen Zauberer Groffi Wentilator und euch ein I-Männchen schicken. Guten Morgen!"

Und der kleine Zwerg ging fort von der grünen Schule, ging durch den Wald, am alten Haus vorbei, durch die Wiesen und zwischen den Hecken und durch das Stadttor in die Stadt hinein.

Zum Zauberer Groffi Wentilator ging er und sagte: „Denk dir nur, großer Zauberer Groffi Wentilator, in der grünen Schule haben sie kein I-Männchen!"

„Was", sagte der Zauberer, „kein I-Männchen haben sie? Wer hebt dann das Butterbrotpapier auf? Und wer fegt die Schule rein, und wer macht im Winter den Ofen an?"

„Das muß wohl alles der arme Herr Lehrer machen", sagte der kleine Zwerg, „nur das Butterbrotpapier, das fegt der Wind in den Wald, und das mögen wir Zwerge doch gar nicht leiden."

Da ging der große Zauberer in sein Zauberzimmer, stellte sich vor seine große Zaubertafel und

malte auf die Tafel ein großes I, beinahe so groß
wie der kleine Zwerg. Und er malte noch einen
Strich, das war der Arm, und er malte noch einen,
und dazu ein Bein und noch ein Bein, und um den
I-Punkt malte er einen Kreis. Dann ging der Zauberer hinter die Tafel, klopfte und rief:

„ABC – I-Männchen steh!
ABC – I-Männchen geh!"

Und schon spazierte das gemalte I-Männchen
auf der Tafel herum. Der Zauberer hinter der Tafel klopfte wieder und rief:

„I-Männchen, knuddelick,
I-Männchen werde dick!"

Und gleich wurde das gemalte I-Männchen
rund und dick, dick wie ein Besenstiel.
Und der I-Punkt war groß wie ein Äpfelchen
und hatte Augen und Nase und Mund, und Ohren auch.
Der Zauberer hinter der Tafel klopfte wieder,
zum letztenmal klopfte er und rief:

„I-Männchen, flink!
I-Männchen, spring!"

18

Und dann klatschte er in die Hände, der Zauberer, und hui, sprang das Männchen von der Tafel, und es hüpfte und tanzte vor der Zaubertafel und vor dem großen Zauberer, der grad hinter der Tafel hervorkam.

Und das I-Männchen verbeugte sich vor ihm und sagte: „Vielen Dank, großer Zauberer Groffi Wentilator!" Und der kleine Zwerg sagte auch:

„Vielen Dank, großer Zauberer Groffi Wentilator!"

Der Zauberer aber betrachtete das I-Männchen,
und dann zauberte er ihm noch schnell ein paar
Holzschuhe und eine Latzhose und ein Mützchen
und sagte: „Lebewohl! Jetzt bist du wirklich ein
feines I-Männchen!"

Und der kleine Zwerg und das I-Männchen
spazierten hinaus aus der Stadt, durch das Stadttor, zwischen den Hecken und über die Wiesen,
vorbei am alten Haus und in den grünen Wald
hinein.

Am Waldrand aber machte der Zwerg dem I-
Männchen noch einen festen Reisigbesen. Und es
war schon Nacht, und der Mond stand über der
grünen Schule, und der kleine Zwerg sagte: „So,
I-Männchen, hier ist deine Schule! Daß du mir
aber ja ein fleißiges I-Männchen bist!"

„Ja, kleiner Zwerg", sagte das I-Männchen, und
dann sprang es hopp! durch ein Kellerfenster in
die Schule.

Wie es aber hell wurde am nächsten Morgen
und der Lehrer und die Kinder in die grüne
Schule kamen, da war kein Fetzchen Butterbrotpapier mehr da, der Boden war blitzblank gefegt
und die Tafel abgewischt und sogar die Fenster
geputzt.

„Seht ihr", sagte der Lehrer, „das hat alles unser gutes I-Männchen getan."

Da freuten sich die Kinder, und sie brachten ihrem I-Männchen immer etwas Gutes mit, ein Stück Butterbrot, einen Apfel oder ein verhutzeltes Birnchen. Und ihr, Peter und Gretel, bringt ihm bald auch etwas mit aus dem alten Haus – und das Märchen ist aus.

So erzählte die Großmutter den Kindern und den Tieren, und der Peter sagte: „Das war ein schönes Märchen, Großmutter! Aber wann müssen wir denn eigentlich in die Schule?"

„Wenn ihr eure Ostereier gegessen habt", sagte die Großmutter, „dann ist es Zeit. Aber jetzt muß ich erst einmal die Kartoffeln schälen und das Gemüse putzen! Also geht in den Keller und holt mir aus dem Sand einen schönen dicken Kohlkopf."

„Miau!" rief die ururalte Katze Murks, „da gehe ich mit! Im Keller ist es düster, da ist es dunkel. Aber meine Augen sind hell wie Laternen. Miau!"

Und die ururalte Katze Murks stand auf, hob den Schwanz hoch und ging vor den Kindern her in den Keller. Tripp trapp gingen sie die tiefe, tiefe Kellertreppe hinunter, tripp trapp durch den Kohlenkeller, und dann waren sie im Vorratskeller.

Da stand das Faß mit Sauerkraut, da stand das Bohnenfaß mit dem dicken Stein drauf, da war die Kartoffelkiste, und ganz in der Ecke war der Sandhaufen mit den Kohlköpfen und den Gelberüben.

Einen Kohlkopf nahm Gretel in beide Hände.

„Gut so", sagte die ururalte Katze Murks. „Drückt nur fest zu. Und wer am lautesten quietsch macht, den nehmt ihr mit." Und richtig: einer der Kohlköpfe machte ganz laut quietsch!, und den legte die Gretel in ihr Körbchen.

22

„Hör einmal", sagte sie, „Katze Murks: das habe ich gar nicht gewußt, daß Kohlköpfe sprechen können. Was hat er denn gesagt? Du bist doch eine so kluge ururalte Katze Murks."

„Ja, das bin ich auch", sagte sie, „und darum weiß ich auch, was der dicke Kohlkopf gesagt hat. ‚Ich bin reif', hat er gesagt, ‚die Großmutter soll mich kochen, sonst werde ich faul. Aber die Blätter, die ihr abschneidet von mir, die sollt ihr dem Osterhas in den Garten legen.'"

„Hat er denn Hunger?" fragten die Kinder.

„Was denkt ihr wohl!" sagte die ururalte Katze Murks. „Noch nichts ist gewachsen auf dem Feld, noch nichts im Wald. Da haben die armen Osterhasen sogar sehr großen Hunger. Und davon will ich euch gleich einmal ein Märchen erzählen."

Da freuten sich die Kinder, und die Gretel setzte sich auf den Hackklotz und der Peter einfach in den Sand, und dann sagte die ururalte Katze Murks:

„Nun hört zu. Denn so geht das Märchen

Der Osterhas
und die Kohlköpfe

Da war einmal ein Winter, ein langer, kalter, schlimmer Winter. Im Wald hat er die Bäume angeblasen, und die armen Bäume sind erfroren und auseinandergesprungen. Und er ist über das Feld gegangen, und in seinen Fußstapfen ist das Winterkorn erfroren. Sogar die Krähen fielen von den Zaunpfählen und waren starr und tot.

Die Zwerge aus dem Zwergenhäuschen beim alten Haus fuhren den ganzen Tag mit ihren Schlitten im Wald umher und brachten den Rehen und Hirschen Heu und den hungrigen Vögeln Körner und Sonnenblumenkerne; das hatten sie im Herbst in ihrer Scheune gesammelt.

Und einmal fuhren die Zwerge wieder durch den Wald, da begegneten sie am Osterhasenberg dem Osterhasen.

„Guten Tag, Osterhas" riefen die Zwerge. „Warum machst du denn so ein trauriges Gesicht?"

„Liebe Zwerge", sagte der Osterhas, „ich mache so ein trauriges Gesicht, weil ich nichts zu essen habe, ich und meine sieben kleinen Osterhasen und ihre Mutter im Osterhasenberg. Kein Klee steht auf dem Feld, alle Gräser im Wald sind erfroren. Und das Heu und die Sonnenblumenkerne, das ist nichts für uns arme Hasen."

Da dachten die guten Zwerge nach, lange dachten sie nach, und auf einmal sagte einer: „Osterhas vom Osterhasenberg, da ist doch die Großmutter im alten Haus! Die hat noch fünf wunderschöne Kohlköpfe im Sand liegen. Die mußt du dir holen im Keller vom alten Haus."

Die Zwerge fuhren weiter, und der Osterhas freute sich sehr. Und hurre hopp! lief er über sieben Berge zum alten Haus. Aber da waren alle Kellerlöcher verstopft mit Stroh, und der arme Osterhas wollte schon wieder nach Hause.

Aber wen sah er da auf einmal vor dem alten Haus stehen? Das war der Winter. Und der blies alle Fenster an, da gab es überall dicke Eisblumen. Und er blies in das Regenfaß, da ist das Wasser gefroren. Dann sah der Winter den Osterhasen.

Der Osterhas aber rief und schrie: „Lieber Winter, blas mich nicht an! Sonst muß ich sterben, und dann kann ich den Kindern keine Ostereier mehr bringen."

„Ach was", sagte der Winter, „ich will dich ja gar nicht anblasen. Warum bleibst du denn nicht in deinem Osterhasenberg? Jetzt ist es hier draußen doch viel zu kalt für dich."

„Ach, Herr Winter", sagte da der Osterhas, „ich kann ja nicht im Osterhasenberg bleiben, weil ich und die sieben kleinen Osterhasen und ihre Mut-

ter nichts zu essen haben. Die Großmutter im alten Haus aber hat noch ein paar wunderschöne Kohlköpfe in ihrem Keller. Lieber Herr Winter, würdest du mir einen herausholen, nur einen?"

Wie das der Winter hörte, da kratzte er sich am Kopf, und aus seinen Haaren flogen die dicken Schneeflocken.

„Lieber Osterhas", sagte der Winter, „das ist nicht so einfach. Die Großmutter ist noch nicht zu Bett. In der Küche hat sie noch Licht, und wenn ich jetzt das Stroh aus dem Kellerfenster ziehe, dann bellt der Hund Bautz, und dann kommt die Großmutter mit der Kohlenschaufel und wirft mir ein glühendes Stück Kohle an den Kopf. Und das kann ich nun mal nicht vertragen. Aber lauf du nur wieder heim zum Osterhasenberg. Heute nacht, wenn der Mond scheint und die Großmutter im Bett ist, da will ich dir den Kohlkopf schon holen. Dann kann ich auch gleich der Großmutter ihre Wasserleitung ein bißchen einfrieren. Hei, das wird schön!"

Und wie es Nacht war, und wie der Mond schien, da klopfte der Winter an den Osterhasenberg und sagte: „Hier, Osterhas, hast du deinen Kohlkopf. Aber mit der Wasserleitung war es nichts, denn das Kellermännchen hat sie ganz eingewickelt." So brummte der Winter und ging weiter, daß der Osterhase nicht einmal danke schön sagen konnte.

Aber o weh! der ganze Kohlkopf war gefroren, denn der Winter hatte ihn ja in seinen kalten Händen getragen. Und von dem schönen Kohlkopf konnten die armen Osterhasen gar nichts essen.

Aber wie es hell geworden ist, da ist der Osterhas wieder in den Wald gegangen, ist über die sieben Berge gegangen, und schon sah er das alte Haus, da begegnete ihm die dicke Ratte.

„Guten Tag, dicke Ratte", sagte der Osterhas.

„Guten Tag, armer Osterhas", sagte sie.

„Ich habe solchen Hunger", sagte der Osterhas, „ich und meine sieben kleinen Osterhasen und ihre Mutter. Willst du mir nicht einen Kohlkopf holen aus dem Keller vom alten Haus?"

„Warum nicht", sagte die dicke Ratte, „das ist ja ganz leicht."

Und eins zwei drei! lief die dicke Ratte zum alten Haus und der Osterhas hinterher. Und die dicke Ratte verschwand durch das Kellerloch, und wie der Osterhas wartete an der Gartenhecke, da schaute er zu, wie die Vögel kamen, die vielen, vielen Vögel, und sie pickten die Körner auf, die die Großmutter ans Fenster gestreut hatte.

Und lange, lange wartete der Osterhas. Da, auf einmal, kam die dicke Ratte aus dem Kellerloch gerannt, und sie war noch viel dicker. „Der Kohl hat so gut geschmeckt", rief sie, „und jetzt habe ich keine Zeit mehr." Und schon war sie fort.

Der arme Osterhas wollte auch grad fortlaufen, da ist etwas wupp! aus dem Kellerloch gekommen, das war die Katze Murks. Und die ururalte Katze Murks ist immer hinter der fetten Ratte her und hat sie gepackt mit ihren scharfen Krallen und gebissen mit ihren scharfen Zähnen – und da lag sie im Schnee und rührte sich nicht mehr.

Der arme Osterhas aber war so traurig und so hungrig, und ganz langsam ging er durch den Wald nach Hause. Da begegnete er der Hexe Tannenmütterchen, und sie sagte zu ihm: „Du hast doch sicher Hunger, du armer, armer Osterhas!"

„Ja, das hab ich", sagte der Osterhas, „aber willst du mir nicht einen Kohlkopf holen aus dem Keller vom alten Haus? Der Winter hat mir schon einen erfroren. Und die Ratte hat mir schon einen weggegessen, und nun warten meine sieben Kinder und ihre Mutter hungrig im Osterhasenberg, und ich mag gar nicht heimkommen!"

„Ei, du dummer Osterhas", sagte die Hexe Tannenmütterchen, „du bist sogar ein sehr dummer Osterhas! Warum willst du den Kohl denn stehlen? Geh doch einfach zur Großmutter und bitte sie um einen Kohlkopf für dich und deine sieben kleinen Osterhasen und ihre Mutter – o du dummer Osterhas, du wirst schon sehen, was die Großmutter dann tut."

Und die Hexe Tannenmütterchen ging weiter zu den sieben Bergen, und der Osterhas klopfte beim alten Haus an die Tür.

Und gleich kam die Großmutter, machte die Tür auf und sagte: „Da ist ja der liebe Osterhas! Nun wird bald Ostern sein!"

Aber der Osterhas schüttelte den Kopf und sagte: „Großmutter, Ostern ist noch weit. Und ich und die sieben kleinen Hasen im Osterhasenberg und ihre Mutter, wir haben so großen Hunger!"

Wie das die Großmutter hörte, da nahm sie den Osterhasen mit in ihre Küche und holte alle drei Kohlköpfe aus dem Keller und ließ den Osterhas essen, bis er satt war. Da waren immer noch zwei große Kohlköpfe und ein halber übrig. Die legte die Großmutter in einen Rucksack, und der alte Hund Bautz trug den Rucksack und obendrauf den Osterhasen geschwind nach Hause.

Da haben sich die kleinen Osterhasen und ihre Mutter aber gefreut, und als es dann Ostern wurde, da lagen viele wunderschöne Ostereier bei der Großmutter, das schönste und größte aber vor der Hundehütte vom alten Haus – und das Märchen ist aus.

So erzählte die Katze Murks den Kindern. Und die Gretel sagte „Ururalte Katze Murks, das war eine schöne Geschichte! Das war eine lange Geschichte! Jetzt wird die gute Großmutter schon auf den Kohlkopf warten."

Und gleich nahmen die Kinder ihr Körbchen und gingen die Kellertreppe hinauf zur Großmutter in die Küche.

Die Großmutter schnitt die harten Blätter ab und die Strünke und Rippen, legte das alles den Kindern ins Körbchen und sagte: „So, das bringt ihr den guten Osterhasen in den Garten. Denn der Klee, der wächst noch nicht auf dem Feld und die Kräuter noch nicht im Wald."

Und die Kinder nahmen das Körbchen und gingen mit den Tieren in den Garten und weiter über die Wiese, über den Bach, und da waren sie an der Nußhecke, wo der kleine Nußknacker wohnt. Dort legten sie die Kohlblätter für den Osterhasen in das Gras. Denn in dieser Haselhecke waren jedes Jahr die schönsten Ostereier versteckt.

Und wie sie sich gebückt hatten und dann wieder aufstanden, da lachten sie beide, der Peter und die Gretel. Und die Gretel sagte zum Peter: „Peter, du hast ja eine ganz gelbe Nase!"

„Und du, Gretel", sagte der Peter, „du hast Bakken so gelb wie Weihnachtsäpfel!"

„Miau, miau", rief die Katze Murks, „und sogar der alte Hund Bautz hat einen großen gelben Flekken auf der Nase!"

„Ja", sagte der uralte Hahn Krahks, „das kommt von den gelben Haselkätzchen!"

Da schauten sich die Kinder die Haselhecke an, und wirklich, ganz gelb wie lauter Gold war sie von tausend und tausend Haselkätzchen, und sie glänzten in der Sonne und schaukelten im Wind.

Und wie die Kinder da standen und schauten, weil das alles so schön war, da hat es auf einmal gesungen aus dem Haselnußbusch, ganz fein wie von einer Grille im Sommer. Und das ging so:

Haselkätzchen, kleine,
schüttelt eure Stäubchen,
Haselkätzchen, meine,
mir auf's Heckenläubchen!
Haselkätzchen, kleine,
wiege euch ein Windchen,
Sonne euch bescheine,
meine gelben Kindchen!

Zu den Kätzchen kleinen
kommt, ihr Bienchen, her,
daß aus Kätzchen, feinen,
werden Nüsse schwer!

So sang es aus den Haseln. Still lauschten die Kinder. Und gerade wollten sie nachschauen, wer da so wunderschön gesungen hatte – wer ist da gekommen? Aus der Haselhecke kam der brave Nußknacker.

Der Hahn rief: „Kickeriki! Der Nußknacker ist wieder hie!"

Und die Kinder sagten: „Guten Tag, braver Nußknacker!"

„Guten Tag, Peter, guten Tag, Gretel", sagte der brave Nußknacker, „guten Tag, Tiere vom alten Haus!"

„Nußknacker, du kannst aber schön singen!" sagte die Gretel.

„Ja, das kann ich", sagte der Nußknacker, „und das muß ich auch! Denn wenn der brave Nußknacker nicht singt, dann kommen die Bienen nicht, dann kommt der Wind nicht, und im Herbst gibt es auch keine Nüsse."

„Braver Nußknacker", sagten die Kinder, „das haben wir ja noch gar nicht gewußt!"

„Was seid ihr für dumme Kinder vom alten Haus", sagte da der Nußknacker, „schaut doch und seht: die roten Pinselchen hier am Strauch, darauf tragen die Bienen den Kätzchenstaub, dahin weht der Wind den Kätzchenstaub, und dann wachsen daraus die Nüsse."

Der Peter bog einen Zweig mit Kätzchen vorsichtig herunter und strich den gelben Staub über die Pinselchen.

Da sagte der Nußknacker: „Du bist aber ein lieber Peter! Leider gibt es auch böse Kinder. Die reißen die Haselkätzchen ab, und dann weinen die armen Nußknacker."

Und der brave Nußknacker kletterte in den Haselbusch und setzte sich auf einen schönen Kätzchenzweig. „Davon will ich euch einmal eine Geschichte erzählen."

Da setzte sich neben ihn die ururalte Katze Murks, und ganz oben in den Nußstrauch flog der uralte Hahn Krahks. Der alte Hund Bautz aber setzte sich zu den Kindern ins grüne Gras. Und der brave Nußknacker fing an und erzählte

Die Geschichte
von den Haselkätzchen
und vom Riesen Döres

Da wohnte einmal in der Haselhecke ein braver Nußknacker, und es war ein ganz armer braver Nußknacker. Jedes Jahr im Herbst hatte er nur ein ganz kleines Säckchen Nüsse. Und einmal war es ganz besonders klein.

Und wie der heilige Nikolaus kam und wollte die Nüsse holen für die guten Kinder, da wurde er sehr streng und sagte: „Das ist aber ein kleines Säckchen! Du bist wohl ein fauler Nußknacker?"

„Lieber heiliger Nikolaus", sagte der arme Nußknacker und weinte, „ich bin nicht faul!"

„So?" sagte der heilige Nikolaus, „hast du dann vielleicht vergessen, im Frühjahr den Haselkätzchen das Lied zu singen? Kannst du überhaupt singen? Dann sing einmal!"

Da schluchzte der arme Nußknacker und wischte sich die Tränen aus den Augen und sang:

„Haselkätzchen, kleine,
schüttelt eure Stäubchen ..."

„Ja", sagte der heilige Nikolaus, „singen kannst du nicht übel. Dann hat dir vielleicht das Eichhörnchen deine Nüsse genommen?"

„Nein, heiliger Nikolaus", sagte der arme Nußknacker, „das Eichhörnchen hat selber geschimpft, weil so wenig Nüsse an meinem Strauch gewesen sind. Und es hat sich seine Nüsse bei den reichen Nußknackern geholt. Aber, heiliger Nikolaus, bei mir kommen in jedem Jahr die bösen Kinder und reißen die Haselkätzchen ab. Und darum hab ich so wenig Nüsse."

„Ja, wenn das so ist", sagte der heilige Nikolaus, „dann will ich dir deine Nüsse lieber zurückgeben, sonst verhungerst du mir noch im Winter. Aber wenn es wieder Frühjahr wird, dann paß nur ja gut auf, und wenn die bösen Kinder wieder kommen und die Haselkätzchen abreißen wollen, dann rufst du die anderen Nußknacker, und dann jagt ihr die Kinder fort!"

„Dankeschön, heiliger Nikolaus" sagte der arme Nußknacker, und der heilige Nikolaus ging weiter.

Und wie nun der Frühling kam, da hat der arme Nußknacker den ganzen Tag aufgepaßt. Viele Tage paßte er auf vom frühen Morgen bis zum späten Abend, und so sehr paßte er auf, daß er auf einmal ganz fest eingeschlafen ist, der arme, arme Nußknacker. Und er träumte von den vielen Nüssen im Herbst.

Als er aber wach wurde, da sah er die Kinder ganz weit weg auf der Wiese fortlaufen. Und alle, alle Haselkätzchen waren fort, nicht ein einziges hatten die bösen Kinder an dem Strauch gelassen.

Der arme Nußknacker weinte und klagte, aber
was half es ihm? Als der Herbst kam, hing nur
eine Nuß an seinem Strauch, und die war auch
noch taub.

Und der arme Nußknacker ging zu den anderen
Nußknackern und sagte: „Liebe Nußknacker! Nur
ein einziges Nüßchen hab ich bekommen, und das

ist noch taub. Leiht mir doch eine Handvoll Nüsse. Ich weiß nicht, was der heilige Nikolaus sonst mit mir macht."

Da liehen die reichen Nußknacker dem armen Nußknacker ein paar Nüsse. Aber es wurde doch nur ein kleines Säckchen voll.

Der heilige Nikolaus sah das Säckchen, schüttelte den Kopf und machte ein strenges und trauriges Gesicht, und der Knecht Ruprecht steckte den armen Nußknacker in seinen schwarzen Sack und brachte ihn zum Riesen Döres.

Der Riese Döres aber freute sich sehr. Er stellte den armen Nußknacker auf den Tisch und sagte: "Was soll ich mit dir tun? Ich weiß etwas. Ich will dich an meine Uhrkette hängen. Denn so etwas Feines wie einen Nußknacker haben die anderen Riesen nicht an ihrer Uhrkette!"

So sagte der Riese Döres, und der arme Nußknacker weinte. Dicke Tränen weinte er.

"Warum weinst du, kleiner Nußknacker?" fragte da der Riese Döres. "Hör auf zu weinen. Ich kann doch niemand weinen sehen."

"Ach", sagte der Nußknacker, "jetzt bin ich fort bei dir, und jetzt hör ich nicht mehr in den Haseln den Wind wehen, sehe die Zwerge nicht mehr im Walde gehen, höre nicht mehr die Käfer brummen und nicht mehr die Bienen summen."

„Ja, dann bist du wirklich ein armer Nuß-knacker", sagte der Riese Döres, „aber warum hat dich der heilige Nikolaus nicht bei deinem Haselstrauch gelassen?"

„Riese Döres", sagte der arme Nußknacker, „ich glaube, du bist gar kein böser Riese. Ich glaube, du bist ein guter Riese Döres."

„Ja, das bin ich auch!" sagte der Riese und strich sich den langen schwarzen Bart.

Und da hat ihm der arme Nußknacker alles, alles erzählt. Und als er damit fertig war, da strich sich der Riese noch einmal den Bart, und er sagte: „Warte nur, armer Nußknacker, wenn die Hasel-kätzchen blühen, dann will ich dir helfen! Du wirst schon sehen, daß ich ein guter Riese bin."

Und wirklich, wie der Winter fort und der Schnee von den Bergen verschwunden war, da nahm der Riese Döres seinen Stock, setzte seinen Hut auf und steckte den armen Nußknacker in die Tasche. Und dann ging er und ging bis zu dem Wald beim alten Haus, ging an die Nußhecke und setzte den armen Nußknacker auf die Erde.

Und der arme Nußknacker stieg in seine Hasel-hecke und schaute sich alles an, und auf einmal rief er: „Riese Döres, siehst du, da haben sie schon wieder einen Kätzchenzweig abgerissen, die bösen, bösen Kinder!"

„Warte nur, kleiner Nußknacker", sagte der Riese Döres, „das werden wir gleich haben."

Und der Riese Döres ging in die Stadt. Und er ging zur Schule und er rief durch den Schornstein: „Hier ist der Riese Döres, und weil die Kinder dem armen Nußknacker immer die Haselkätzchen abreißen, darum nimmt der Riese Döres jetzt die ganze Schule mit!"

Da schrien die Kinder alle laut, aber es half ihnen nichts. Der Riese Döres nahm einfach die ganze Schule unter den Arm, und eins zwei drei war er wieder draußen bei der Haselhecke. Und da setzte er die Schule auf die Wiese, er hockte sich auf die Erde und klopfte an das Fenster.

Da machte der Lehrer das Fenster auf und schaute hinaus. Und er schaute in die Augen des Riesen, die waren so groß wie zwei Wagenräder. Aber er fürchtete sich gar nicht, der Lehrer, und er sagte: „Riese Döres, warum hast du unsere Schule gestohlen?"

Der Riese aber sagte zu dem Lehrer: „Die Schule habe ich nicht gestohlen. Aber die bösen Kinder aus eurer Schule, Herr Lehrer, die haben gestohlen, die haben an der Haselhecke die Haselkätzchen abgerissen. Und darum will ich die Schule jetzt ans Ende der Welt tragen, denn da gibt es keine Haselkätzchen zum Abreißen."

Da schrien die Kinder noch lauter, und der brave Nußknacker sagte zu dem Riesen: „Riese Döres, du bist doch ein guter Riese. Laß die Kinder noch einmal hier. Wenn du sie fortbringst ans Ende der Welt, dann weint ja in jedem Haus die Mutter und der Vater und sogar die Großmutter!"

Da brummte der Riese Döres ein bißchen und sagte: „Du bist doch wirklich ein braver Nußknacker. Aber in die Stadt bring ich die Schule nicht mehr. Ich will sie in den Wald stellen beim alten Haus. Dann könnt ihr sehen, wie ihr mittags nach Hause kommt. Und morgens müßt ihr gleich aus dem Bett, wenn der Hahn kräht. Ja, das will ich tun! Das wird euch die Dummheiten austreiben!"

Da hielten sich die Kinder an ihren Bänken fest, und der Riese nahm die Schule unter den Arm und trug sie am alten Haus vorbei in den Wald. Und da hat er die Schule fest in den Boden gesteckt und ging wieder heim auf seine Riesenburg.

Und nie mehr haben die Kinder den braven Nußknackern die Haselkätzchen abgerissen.

Die Schule aber, weil sie jetzt mitten im grünen Wald stand, hieß nun die grüne Schule. Und in die grüne Schule gehen an Ostern auch die Kinder vom alten Haus – und mein Märchen ist aus.

So erzählte der brave Nußknacker den Kindern. Und der Peter sagte: „Das war aber wirklich eine schöne Geschichte, Nußknacker! Wir haben ja gar nicht gewußt, daß die grüne Schule eine Märchenschule ist."

„Ja, da hast du recht", sagte der brave Nußknakker, „und da will ich euch gleich noch eine Geschichte erzählen. Gebt acht! Es ist

Die Geschichte vom grünen Zwergenröckchen

Ihr wißt jetzt, Kinder, warum die grüne Schule weit im tiefen Wald liegt. Und daß die Schulkinder immer ein großes Butterbrot für den weiten Weg mitnehmen mußten.

Aber da waren einmal in der grünen Schule zwei arme Kinder, die hatten immer nur ein ganz kleines Butterbrot dabei, manchmal auch nur trockenes Brot ohne Butter, und eines Tages gar kein Brot.

Das sah der Lehrer, nahm die Kinder mit in die Küche, und die Lehrersfrau machte jedem ein Frühstücksbrot mit süßem Bienenhonig.

Da freuten sich die Kinder und liefen mit ihren Butterbroten zum Wald gleich hinter der grünen Schule. „Denn dort", sagte der Bruder, „schmeckt es noch einmal so gut. Und wir können uns sogar noch Beeren dazu suchen."

Gerade hatten sie sich unter einen Baum gesetzt und wollten in das Brot beißen, da kam ein kleiner Zwerg aus dem Gebüsch, stellte sich vor sie hin und sagte: „Kinder, habt ihr meinen schönen grünen Rock nicht gesehen?"

Die Kinder schüttelten die Köpfe, nein, einen Zwergenrock hatten sie nirgendwo gesehen.

„Wo ist nur mein schöner grüner Rock?" sagte der kleine Zwerg traurig. „Dabei war er noch wie neu, höchstens 500 Jahre alt. Und in den Taschen,

da sind meine Butterbrote drin. So schöne Butterbrote. Und ich armer Zwerg hab so einen Hunger!"

Da schauten die Kinder ihre Butterbrote an,
dann schauten sie den kleinen Zwerg an, und
dann schauten sie einander an, und schließlich
sagte das Mädchen: „Wenn du so großen Hunger
hast, dann kannst du unsere Butterbrote haben."

„Was seid ihr gute Kinder", rief der kleine Zwerg und nahm die beiden Butterbrote und aß sie schlupp! mit einem Biß auf.

Und dann sagte er zu den Kindern: „Weil ihr so gut zu mir wart, darum dürft ihr auch meinen grünen Rock behalten, wenn ihr ihn findet im Wald. Lebt wohl, gute Kinder!"

Und schon verschwand der Zwerg im tiefen Wald. Und die Kinder gingen zur Schule zurück.

Als die Schule aus war, da rannten alle anderen Kinder nach Hause, der Bruder und die Schwester gingen aber noch einmal in den Wald, um nach dem Zwergenrock zu suchen. Aber wo sie auch herumkrochen, unter den Bäumen und hinter den Büschen und in den Himbeerhecken, nirgendwo fanden sie den grünen Rock. Da gingen sie traurig nach Hause.

Am anderen Tag hatte die Mutter wieder kein Brot für sie, und die Kinder mußten hungrig zur Schule gehen. Ihre Mutter war ganz traurig, aber der Junge sagte: „Vielleicht finden wir doch noch den grünen Zwergenrock. Da stecken ja Butterbrote in den Taschen."

Und sie waren noch gar nicht weit im Wald auf dem Weg zur grünen Schule, da rief die Schwester: „Schau, der Zwergenrock, dort unterm Busch!"

Und der Bruder schaute auch, und er wischte sich die Augen und sagte: „Das ist sicher nur grünes Moos." Aber seine Schwester lief schon zu dem Busch und bückte sich – und richtig: das war kein Moos, nein, unter dem Busch lag ein wunderschöner grüner Rock.

Der Bruder sprang hoch vor lauter Freude, und dann zog er den Zwergenrock an, und er paßte ihm wie angemessen. Er sah wirklich fast wie neu aus, nur an den Ellbogen glänzte er ein bißchen.

Und in jeder Tasche steckte ein dickes, großes Butterbrot – feines Zwergenbrot, wie Nußkern schmeckte die Butter, und der Honig duftete nach Heide und Lindenblüten.

Nach der Schule erzählten die beiden Kinder ihrer Mutter zu Hause die wunderbare Geschichte. Und die Mutter freute sich sehr, am meisten über den schönen neuen grünen Rock.

Am andern Tag aber gingen die Kinder wieder in die grüne Schule, und wieder sagte die Mutter traurig zu ihnen: „Heute hab ich kein Butterbrot für euch."

Und in der Pause standen die beiden in der Ecke und schauten zu, als alle andern ihre Butterbrote auspackten. Auf einmal sagte die Schwester: „Was hast du für dicke Taschen?"

Und da griff der Bruder in die Taschen, und was glaubt ihr? Da waren wieder zwei dicke, große Zwergenbutterbrote in den Taschen.

Da sagte der Bruder: „Weißt du was? Ich glaube, der grüne Zwergenrock ist verzaubert!"

Ja, und das war er auch: jeden Tag waren die feinsten Brote in den Taschen, und Äpfel und Honigkuchen auf Sankt Nikolaus – das Märchen ist aus.

So erzählte der brave Nußknacker. Dann nickte er den Kindern und den Tieren noch einmal zu und sprang von seinem Haselzweig, daß die Kätzchen eine gelbe Wolke ausschütteten, und fort war er.

Die Kinder aber und die Tiere gingen wieder über die Wiese beim alten Haus und dann zu dem kleinen Bach, der mitten durch den Garten fließt. Und sie sahen gerade noch, wie eine große weiße Ente den Bach hinunterschwamm. „Kickeriki!" krähte der uralte Hahn, „die Ente war wieder hie!"

„Uralter Hahn", fragten die Kinder, „was war das denn für eine Ente? Die Großmutter hat doch gar keine Enten."

„Aber Kinder", sagte der uralte Hahn Krahks, „das war doch die weiße Ente mit den schwarzen Flecken."

Und schon sprang die ururalte Katze Murks über den Bach, scharrte im dürren Gras und rief: „Miau! Die weiße Ente mit den schwarzen Flecken hat ein Ei gelegt!"

Da sprangen auch die Kinder über den Bach und der alte Hund hinter ihnen her, und der uralte Hahn flatterte auch hinüber. Der Peter legte das Entenei in seine Hände und sagte: „Das bringen wir der Großmutter. Da wird sie sich freuen."

Die Großmutter betrachtete das Ei durch ihre Brille. Und sie sagte: „Kinder, da hat die weiße

Ente mit den schwarzen Flecken wieder ein Ei gelegt."

„Großmutter", sagten die Kinder, „hat die weiße
Ente mit den schwarzen Flecken denn schon einmal ein so schönes großes Entenei gelegt?"

Und die Großmutter sagte: „Die weiße Ente,
Kinder, die hat schon viele Eier gelegt. Davon
weiß ich eine schöne Geschichte. Die will ich euch
erzählen. Es ist

Die Geschichte
von der weißen Ente
und den bösen Männchen

Die gute Hexe Tannenmütterchen hatte einmal eine wunderschöne weiße Ente. Die hatte es gut im Hexenhaus. Jeden Tag bekam sie feine Körner und Salat, und so oft sie wollte, durfte sie auf dem Bach am alten Haus schwimmen. Dafür legte sie der guten Hexe auch ganz dicke Eier. Daraus machte die Hexe Tannenmütterchen den besten Kuchen.

Eines Tages kam die weiße Ente zu der guten Hexe und sagte: „Hexe Tannenmütterchen, jetzt habe ich wieder sechs Eier gelegt, aber davon sollst du keinen Kuchen backen. Diesmal will ich die Eier ausbrüten, und dann kriegen wir sechs kleine Enten."

„Gut, weiße Ente", sagte die Hexe Tannenmütterchen, „brüte die Eier nur aus. Und wenn ich backen will, leihe ich mir bei der Großmutter im alten Haus ein paar Hühnereier, dafür geben wir dann der Großmutter später einmal eine von deinen kleinen Enten."

Und die Ente ging in den Entenstall und setzte sich auf die sechs Eier und freute sich auf die jungen Enten.

Die Hexe Tannenmütterchen ging in die Küche und kochte sich Suppe und Kartoffeln und Gemüs, denn sie hatte großen Hunger. Grad aber hatte sie die Suppe in ihren Teller geschöpft, da klopfte es am Hexenhäuschen, und wer ist gekommen?

Die böse Hexe Spinnenkrabbel ist gekommen. Und sie sagte: „Guten Tag, Hexe Tannenmütterchen! Hast du nichts zu essen für mich?"

Und die Hexe Tannenmütterchen sagte: „Guten Tag, böse Hexe Spinnenkrabbel! Du kommst gerade richtig. Du kannst mit mir essen. Suppe hab ich und Kartoffeln und Gemüs." Und sie schöpfte die Suppe gleich in einen Teller.

Aber die böse Hexe Spinnenkrabbel schüttete die Suppe einfach zum Fenster hinaus und sagte: „Bah, Hexe Tannenmütterchen, bah! Suppe, Kartoffeln und Gemüs, das mag ich doch nicht! Einen Eierkuchen will ich haben von sechs schönen frischen Enteneiern!"

Da sagte die Hexe Tannenmütterchen: „Meine liebe Spinnenkrabbel, mit dem Eierkuchen wird es nichts. Meine weiße Ente will diesmal ihre Eier ausbrüten."

Wie das die böse Hexe hörte, rief sie: „Du willst mir keinen Eierkuchen backen, Hexe Tannenmütterchen? Dann sollst du auch keine kleinen Enten haben! Böse Männchen soll die Ente brüten, hokus pokus hä!"

So hat die Hexe gesagt, so hat sie gezaubert, und dann sauste sie fort durch den Schornstein.

Und richtig, als die arme weiße Ente fertig-
gebrütet hatte, was kam da aus den Eiern? Aus jedem Ei kam ein böses Männchen, und alle sechs
bösen Männchen hatten einen roten Entenschna-
bel.

Und die weiße Ente war sehr traurig.

Aber die gute Hexe Tannenmütterchen sagte:
„Liebe Ente, das ist nicht so schlimm mit den bösen Männchen. Es sind doch so schöne böse
Männchen. Ich glaube sogar, sie können mir tüchtig im Garten helfen."

Und sie rief die Männchen und sagte: „Böse
Männchen, geht doch gleich einmal in den Garten
und sucht mir die Schnecken vom Salat!"

Sofort liefen die bösen Männchen in den Garten, und es dauerte gar nicht lange, da kamen sie

zurück und sagten: „Hexe Tannenmütterchen, jetzt sind keine Schnecken mehr an deinem Salat."

Die gute Hexe Tannenmütterchen freute sich sehr und ging in ihren Garten, und da, da hatten die bösen Männchen nicht nur die Schnecken, sondern auch noch den ganzen Salat aufgegessen.

„Wartet nur", sagte die gute Hexe Tannenmütterchen. „Am besten werde ich die bösen Männchen verzaubern."

Und sie ging wieder in das Hexenhäuschen zurück und da, da hatten die bösen Männchen einen ganzen Topf Honig ausgeleckt. Und als die gute Hexe weitersuchte nach den bösen Männchen, hörte sie kritze-kratze etwas krabbeln auf dem Speicher. Sie ging die Speichertreppe hinauf, und da, da hatten die bösen Männchen auf dem Speicher die dickste Leberwurst aufgegessen. Sie konnten sich gar nicht mehr bewegen, so dick waren ihre Bäuche.

Die gute Hexe Tannenmütterchen packte sie und knotete sie in ihr rotes Taschentuch. „So", sagte sie, „jetzt sollt ihr einmal sehen, wie ich euch verzaubere."

Das hörte die weiße Ente, als die Hexe mit ihrem roten Taschentuch in den Hof kam. Sie weinte und sagte: „Gute Hexe, liebe Hexe, verzaubere sie nicht, verzaubere sie nicht,

es sind doch meine Männchen,
es sind doch meine Entchen!"

„Was?" sagte die Hexe, „das sollen Entchen sein? Aber wenn du nicht haben willst, daß ich sie verzaubere, dann will ich sie wenigstens in Wasser werfen."

Aber da weinte die Ente wieder und sagte: „Gute Hexe, liebe Hexe, wirf sie nicht ins Wasser,

es sind doch meine Männchen,
es sind doch meine Entchen!"

„Was", sagte die Hexe, „das sollen Entchen sein? Aber wenn du nicht willst, daß ich sie ins Wasser werfe, dann will ich sie wenigstens fortjagen in die weite Welt. Ente, jetzt sag kein Wort mehr, sonst verzaubere ich dich selber!"

Da war die weiße Ente still, ging in ihren Entenstall und war sehr traurig und weinte dicke Ententränen.

Die Hexe Tannenmütterchen aber nahm die bösen Männchen aus dem Taschentuch, stellte sie alle sechs nebeneinander auf die Fensterbank, blies die Backen auf und pustete sie in den Garten hinaus, über Wald und Berg, in die weite Welt. So flogen sie davon, bis sie, eins nach dem anderen, wieder auf die Erde purzelten. Und schon rannten sie weiter, über Feld und Wiese, über Moor und Heide. Unterwegs aßen sie noch den Zwergen die Bohnen von den Stangen, dem großen Zauberer Groffi Wentilator aßen sie seinen Birnbaum leer und der Großmutter im alten Haus die Tomaten von den Stauden. Ja, das waren böse Männchen.

Als es Nacht wurde, kamen sie in den Wald an die grüne Schule. Und sie sagten: „Hei, das ist ein feines Häuschen für uns böse Männchen!" Und hopp, sprangen sie alle ins Kellerfenster. Und sie schauten sich um und riefen: „Was sollen wir nun Böses tun? Hei, wir wollen den Wasserhahn aufdrehen!"

Und schon rauschte das Wasser in den Schulkeller. Davon wurde das I-Männchen wach und lief in den Keller hinab. Rasch drehte es den Hahn zu und sagte: „Wer hat das nur getan?"

Die bösen Männchen aber waren schon längst aus dem Keller gelaufen. Sie rannten die Treppen hinauf bis zum Speicher, und dort aßen sie alle Zwiebeln auf, die die Lehrersfrau dort für den Winter aufhob. Dann legten sie sich in einen alten Schrank und schliefen ein.

Ganz früh wurden sie aber wieder wach. Sie gingen ins Schulzimmer und aßen dem Lehrer die Kreide auf. Und in den Heften, die die Kinder liegen gelassen hatten, malten sie wie wild herum. Und was an der Tafel stand, das wischten sie einfach weg. Und vor der Pause schlüpften sie sogar in die Schultaschen der Kinder und aßen die Butterbrote auf.

Da rief der Lehrer das I-Männchen und sagte: „So kann das nicht weitergehen. I-Männchen, ich glaube, unsere grüne Schule, die ist verzaubert. Jetzt gehst du zum alten Haus hinab und erzählst der Großmutter alles. Vielleicht kann sie durch ihre Großmutterbrille schauen und sehen, wer da sein Wesen treibt."

Sofort rannte das I-Männchen zum alten Haus, klopfte an die Türe und rief:

„Großmutter, mach auf die Tür,
das I-Männchen, das ist hier."

Da öffnete die Großmutter die Küchentür, und das I-Männchen setzte sich zu ihr neben den Herd und erzählte: „Denk dir nur, Großmutter, die grüne Schule ist verzaubert. Im Keller haben sie den Wasserhahn aufgedreht, dem Herrn Lehrer haben sie die Zwiebeln aufgegessen und den Kindern die Butterbrote."

„Was du nicht sagst", rief die Großmutter, „und mir haben sie die Tomaten gegessen, dem Zauberer Groffi Wentilator die Birnen und den Zwergen die Bohnen von den Stangen. Aber wir werden schon herausfinden, was da los ist."

Und die Großmutter setzte ihre Brille auf, schaute aus dem Fenster nach der grünen Schule hin, und dann sagte sie: „Nun weiß ich es! Das sind ja die bösen Männchen von der Hexe Spinnenkrabbel. Aber geh nur in die grüne Schule zurück, I-Männchen. Ich will die Hexe Tannenmütterchen rufen, und die macht alles wieder gut."

Da bedankte sich das I-Männchen und rannte wieder zurück in die grüne Schule.

Der Lehrer stand schon vor der Tür. „Denk dir nur", rief er, „jetzt haben sie mir im Keller das Sauerkraut aufgegessen und die Kartoffeln vom Feld, und den Kindern sogar die Bleistifte."

„Ja", sagte das I-Männchen, „das sind die bösen Männchen, und gleich kommt die Hexe Tannenmütterchen, die macht alles wieder gut."

Da freute sich der Lehrer und ging zurück zu den Kindern ins Schulzimmer.

Aber auch die bösen Männchen hatten gehört, was der Lehrer sagte. Sofort rannten sie in den Keller und versteckten sich hinter den Kohlen.

Und richtig, es dauerte nicht lange, da klopfte es an die Tür, der Lehrer machte auf, und herein kam die gute Hexe Tannenmütterchen.

Die Kinder sprangen alle auf und riefen: „Guten Tag, Hexe Tannenmütterchen!"

„Guten Tag, liebe Kinder", sagte das Tannenmütterchen, „setzt euch nur wieder hin."

Und die Hexe Tannenmütterchen nahm ihr Zauberstäbchen aus der Tasche und sagte: „So, Kinder, jetzt wollen wir mal die bösen Männchen suchen. Ihr bleibt aber an euren Plätzen."

Und das I-Männchen zündete eine Laterne an und ging mit der Hexe und dem Lehrer erst auf den Speicher. Aber da gab es keine bösen Männchen.

Dann gingen sie die Speichertreppe hinunter und den Hausgang entlang und die Kellertreppe hinunter. Wer aber stand da mitten in den Kohlen? Die weiße Ente! Und sie sagte zu der Hexe: „Gute Hexe Tannenmütterchen, verzaubere sie nicht! ...

es sind doch meine Männchen,
es sind doch meine Entchen!"

„Was?", sagte die Hexe Tannenmütterchen, „das sollen Entchen sein? Böse Männchen sind es, und jetzt will ich sie verzaubern."

Wie das die bösen Männchen hörten hinter den Kohlen, schlichen sie davon. Leise, leise rannten sie und kletterten sie kritzekratze an dem großen Faß empor, ganz hinten in der dunklen Kellerecke. Und als sie oben waren, sprangen sie ins Faß hinein. Aber was glaubt ihr? In dem großen Faß war Tinte, und jetzt plitschten und platschten die bösen Männchen in der Tinte und riefen: „Holt uns heraus! Sonst müssen wir ertrinken!"

Das hörte die Ente, flog auf das Faß, und kribbel-krabbel kletterten die bösen Männchen auf ihren Rücken.

Schon wollte die Hexe Tannenmütterchen anfangen zu zaubern und hob ihr Zauberstäbchen. Da spannte die Ente ihre Flügel aus und flog hinaus durchs Kellerloch.

Der Lehrer bedankte sich sehr und sagte: „Hexe Tannenmütterchen, viellicht kannst du ein andermal wieder zu uns zum Zaubern kommen." Ja, das wollte das Tannenmütterchen gerne tun. Und sie ging wieder zurück in den Wald in ihr Hexenhaus.

Und die weiße Ente? Die hatte nun auf dem Rücken lauter Tintenflecken, aber das machte ihr nichts aus. Sie flog immer weiter und weiter, so weit wie möglich fort von der Hexe Tannenmütterchen mit ihrem Zauberstäbchen.

„Da gibt es keine Hilfe", sagte die Ente zu den bösen Männchen, die nun ganz schwarze Männchen waren. „Jetzt muß die Hexe Spinnenkrabbel verschwinden."

Und die Ente flog zum finsteren Wald. Da war das Hexenhaus, da rauchte der Kamin, auf den Dachschindeln wuchs Moos, sogar kleine Tännchen wuchsen da, und von den Bäumen des Waldes tropfte es feucht.

„Hier ist es richtig", sagte die weiße Ente, „hier riecht es nach Hexe."

Da sprangen die Männchen vom Rücken der Ente und rutschten durch den Kamin. Und die Ente wartete draußen.

Sie hörte es poltern, sie hörte es knarren, sie hörte es quietschen. Und auf einmal ging die Tür vom Hexenhaus auf, und wer ist herausgekommen? Die bösen Männchen kamen heraus.

Und sie sagten: „Jetzt sind wir keine bösen Männchen mehr. Jetzt sind wir gute Männchen, jetzt sind wir nur noch die schwarzen Männchen. Denn die Hexe Spinnenkrabbel, die war nicht mehr da. Aber ein alter Pantoffel war da unter dem Sofa, der stank nach Hexe. Und den haben wir weggeknabbert!"

Da freute sich die weiße Ente, und die schwarzen Männchen kletterten auf ihren Rücken, und die Ente flog zurück zum Hexenhäuschen der guten Hexe Tannenmütterchen.

Und die Hexe Tannenmütterchen hatte schon ihr Zauberstäbchen in der Hand und sagte: „Das ist gut, weiße Ente, das ist gut, böse Männchen, daß ihr kommt. Jetzt will ich euch alle mal verzaubern."

Aber die Ente sagte: „Tu es nicht, Tannenmütterchen. Es war alles ganz anders. Und das sind jetzt nur noch meine schwarzen Männchen!"

Da freute sich die Hexe Tannenmütterchen und ging mit der weißen Ente ins Haus, um sie zu waschen. Aber die schwarzen Flecken, die gingen nicht mehr weg.

Die schwarzen Männchen aber sind nun wirklich gute Männchen geworden, und sie machen der Hexe Tannenmütterchen das Holz klein, sie holen ihr Wasser aus dem Bach, sie kehren sauber das Hexenhaus – und das Märchen ist aus.

So erzählte die Großmutter, und die Kinder sagten: „Großmutter, das war aber wirklich eine schöne Geschichte. Aber was machst du nun mit dem Entenei?"

„Wir wollen es in den Hühnerstall bringen", sagte die Großmutter, „dort sitzt die braune Glucke auf ihren Eiern, die kann es gleich mit den Hühnereiern ausbrüten, dann kriegen wir ein kleines Entchen dazu."

Als die Kinder zu Mittag gegessen hatten, sagte die Großmutter: „So, meine Kinder, nun dürfte ihr den ganzen Mittag in den Garten gehen. Und wenn ihr wieder Hunger habt, dann schickt nur den Hund Bautz, der soll euch Butterbrote holen."

Da gingen die Kinder hinaus aus dem alten Haus und über den Hof, und gerade wollten sie am Scheunentor vorbeigehen, da blieb die ururalte Katze Murks stehen und machte lange Ohren.

Dann winkte sie mit der Pfote die Kinder herbei. Und dann zeigte die ururalte Katze Murks in die dunkle Ecke ganz hinten, und richtig, da klirrte es leise, und es wisperte sogar.

Und nun blitzte auch etwas in dem kleinen Sonnenstrahl, der durch die Bretterritzen fiel. „Großmutters Gartenspaten!" flüsterte Peter.

„Und ich glaube", sagte die Gretel, „er spricht sogar."

Und richtig, die Kinder hörten eine Stimme: „Hacke, Hacke, ich glaube, draußen scheint die Sonne, ich glaube, im Garten, da blühen die Blumen."

Und eine andere Stimme sagte: „Spaten, Spaten, ich glaube, draußen weht warm der Wind, ich glaube, im Garten, da singen die Vögel schon."

Und kling-klang sind sie aus der dunklen Ecke gehüpft, der Gartenspaten und die Gartenhacke. Da wunderten sich die Kinder sehr.

„Ja", sagte der Peter, „ist denn alles lebendig und verzaubert im alten Haus?"

„Miau", sagte die ururalte Katze Murks, „natürlich ist alles lebendig, auch die Hacke Zinkenkrall und der Spaten In-dem-Stall."

„Ja, das sind wir auch", sagte der Spaten und sagte die Hacke, „jetzt haben wir ausgeschlafen, jetzt wollen wir arbeiten."

Da lachte es auf einmal in der Scheunenecke, und ein kleines Kerlchen sprang hinter den Bohnenstangen hervor. Die Kinder machten ganz große Augen, und der Peter sagte: „Da ist ja schon wieder ein Männchen, das kennen wir noch gar nicht."

Das Kerlchen sagte nichts, aber es prang schwubb! dem alten Hund Bautz auf den Rücken, packte ihn an den Ohren und ritt ganz nah zu den

Kindern hin. „So", sagte es, „Kinder, jetzt schaut einmal, was für ein wunderschönes Männchen ich bin."

Es war aber auch ein wunderschönes Männchen. Ein Hütchen hatte es von Disteln, ein Röckchen von Mausefell, Höschen von Tannenrinde, und von Spinnweben ein Mäntelchen.

Und die Gretel fragte: „Wer bist du denn, Männchen mit dem Distelhütchen?"

„Ich", sagte das Männchen, „ich bin das Scheunenmännchen Scheunenpuck, und ich habe so furchtbar viel Arbeit in der Scheune, und jetzt muß ich schon wieder arbeiten."

Und schwub! sprang es vom alten Hund herab, sprang zum Spaten und sagte: „Spaten, wie bist du so rostig." Und zur Hacke sagte es: „Hacke, wie bist du so wacklig."

Und eins zwei drei rutschte es mit seinem Höschen aus Tannenrinde über den Spaten, und da wurde er blank wie ein Spiegel, und eins zwei drei klopfte es einen Nagel in die Hacke, und sie wackelte nicht mehr.

„Bist du aber ein tüchtiges Männchen, Scheunenpuck", riefen die Kinder. „Niemand ist so tüchtig wie du."

Da lachte das Männchen Scheunenpuck und sagte: „Kinder, ich bin ja noch viel tüchtiger. Das

Scheunenmännchen Scheunenpuck muß arbeiten und aufpassen den ganzen Tag und die ganze Nacht."

„Ja, miau", sagte die ururalte Katze Murks, „du bist schon ein armes Männchen, Scheunenpuck. Dabei hat dir die Großmutter doch ein so schönes Gärtchen geschenkt."

„Gut, daß du das sagtst, Katze Murks", sagte das Scheunenmännchen, „da könnten mir die Kinder eigentlich ein Stündchen helfen."

„Gern", riefen die beiden, „wo ist denn dein Gärtchen?"

„Ja", sagte das Scheunenmännchen, „das ist fein versteckt. Aber euch will ich es zeigen. Und die guten Tiere, die dürfen auch mitgehen."

Der Peter nahm den Spaten und die Gretel die Hacke, und dann gingen sie alle hintereinander her mit dem Scheunenmännchen in die finstere Scheunenecke. Da lehnten die Bohnenstangen an der Wand, und hinter den Bohnenstangen war eine kleine Tür, die schloß der Scheunenpuck auf, und ganz leise schlüpften sie hindurch, das Männchen und die Kinder und die Tiere, und klapp! ging das Türchen wieder zu, und die Kinder konnten gar nicht mehr sehen, wo es gewesen war.

Aber wo waren sie nun?

Sie waren in einem wunderschönen kleinen
Garten. Mittendrin wuchs ein kleiner Kirschbaum, schneeweiß von Blüten, und in der Ecke
ein alter Apfelbaum. Eine Hecke von Stachelbee-
ren war da, und in einem Winkel ein Flieder-
busch. Auch Gartenbeete gab es, aber auf denen
wuchs nichts als Unkraut.

Und gleich nahm der Peter den Spaten in die Hände und sagte: „Das Beet will ich gleich umgraben."

„Ja, das ist gut", sagte der Scheunenpuck, und er setzte sich in den Kirschbaum und zündete sein Pfeifchen an. Und die ururalte Katze Murks sprang neben ihn in den Kirschbau, und der alte Hahn Krahks flog hoch in den Apfelbaum, und Bautz, der alte Hund, legte sich darunter.

Die Gretel aber nahm die Gartenhacke.

„So", sagte der Scheunenpuck, „nun fangt an!"

Und was denkt ihr? Kaum steckte Peters Spaten in der Erde, da drehte er sich, die Erde wendete sich, und das machte er weiter und weiter so. Und die Hacke in der Hand der Gretel ging hinterher und machte den Boden locker und glatt.

„Scheunenmännchen", rief der Peter, „der Spaten läuft mir ja fort!"

„Halt ihn nur fest!" rief das Scheunenmännchen und lachte.

Und der Peter hielt den Spaten fest, und die Gretel hielt die Hacke fest, und immer weiter ging der Peter mit dem Spaten und ging die Gretel mit der Hacke hinterher, und auf einmal war das ganze Gartenbeet glatt und sauber umgespatet. Aber die Kinder haben sehr geschwitzt und waren sehr müde.

Wie das der alte Hund sah, stand er auf und wupp! sprang er über die Stachelbeerhecke und war verschwunden. Aber schon kam er wieder, ein Körbchen im Maul, darin waren schöne große Butterbrote, für den Peter zwei und für die Gretel zwei, und eins für den alten Hund, und ein ganz kleines für die uralte Katze Murks und den uralten Hahn Krahks, und dann für alle noch ein schönes Stück Kuchen, und ein Stück Kuchen auch für das Scheunenmännchen Scheunenpuck. Und zum Trinken gab es herrlich kühlen Apfelsaft.

„So, nun wollen wir Erbsen setzen", sagte das Scheunenmännchen, als alle satt waren. Aus seiner Tasche holte der Scheunenpuck ein kleines Säckchen mit Erbsen, die mußten die Kinder nun in langen Reihen in das Beet stecken.

„Ordentlich, sehr ordentlich", brummte das Scheunenmännchen, steckte sein Pfeifchen wieder ein und sprang herunter vom Kirschbaum. „Jetzt kommt noch etwas auf euer Erbsenbeet, gebt acht!" sagte es und klopfte an die Scheunenmauer. Und was glaubt ihr? Da war auf einmal das Türchen wieder da, und der Scheunenpuck verschwand dahinter.

Es dauerte gar nicht lange, da rumorte es in der Scheune, da rumpumpelte es, und auf einmal kam

ein dicker Hexenkopf aus der Tür, ein Hexenkopf mit einem breiten Mund, darauf ein roter Hut und wüste Zottelhaare. Gerade wollte die ururalte Katze Murks der Hexe ins Gesicht springen, da kam das Scheunenmännchen hinterher, packte mit seinen kleinen Fingern die Hexe und warf sie mitten auf das Erbsenbeet. Nun sahen es die Kinder selbst: es war eine Vogelscheuche. Die stellte der Scheunenpuck mitten auf das Erbsenbeet, und die Kinder halfen ihm dabei.

„So", sagte der Scheunenpuck, „nun werden die Tauben und die Spatzen die Erbsen in Ruhe lassen. Denn sie sind viel zu bange vor dieser Hexe."

Und wie die Vogelscheuche da stand, kam der uralte Hahn vom Apfelbaum hergeflogen und setzte sich auf ihren Kopf. Die Kinder lachten, aber das Scheunenmännchen sagte: „Was meint ihr wohl, vor hundert Jahren, was denkt ihr wohl? Da war die Vogelscheuche noch eine richtige Hexe, eine lebendige Hexe. Von der will ich euch jetzt erzählen. Hört also

Das Märchen
vom Igel Stachelfell

Es war einmal ein steinalter Igel, Stachelfell hieß er und wohnte in der Scheune vom alten Haus. Das Scheunenmännchen Scheunenpuck hatte ihm da ein Nest gemacht aus Heu, altem Laub und Hobelspänen. Darin schlief der Igel und schnarchte den ganzen Tag.

Aber abends, wenn es dunkel wurde und wenn die Nacht kam, dann wachte er auf und lief durch die Scheune und durch den Hühnerstall, in den Hof und in den Keller und fing Mäuse und Schnecken. Aber er wurde einfach nicht satt. Denn so viele Mäuse gab es nicht im alten Haus, und Schnecken gab es da überhaupt keine.

Eines Nachts, als der Mond grad durch das Eulenloch in die Scheune schien, stand der Igel Stachelfell wieder auf, und weil er in der Scheune gar keine Mäuse mehr jagen konnte, ging er in den Keller vom alten Haus.

„Jetzt will ich doch einmal sehen", sagte er, „ob die Großmutter für mich nicht wenigstens ein bißchen Milch in einem Teller hingestellt hat." Aber nein, das hatte die Großmutter leider vergessen.

Da ärgerte sich der Igel Stachelfell. „Nein", brummte er, „jetzt ziehe ich fort aus dem alten Haus. Draußen auf dem Feld gibt es genug Mäuse. Das hier ist ja eine armselige Hütte. Nicht einmal Mäuse hat die Großmutter!"

Aber da rumpelte es hinter den Kohlen, und
eine rauhe Stimme rief:

„He, wer rumpelt da durchs Haus?
Warte, wart, ich werf ihn raus!"

„Hallo", brummte da der Igel Stachelfell, „lebt
denn noch jemand in dieser Hütte?"

„Ja", hat es gesagt, und dann kam ein schwarzes
Kerlchen über den Kohlenhaufen geklettert und
sagte: „Ich bin das Kellermännchen, Igel Stachelfell."

„Pfui", sagte der Igel Stachelfell, „was bist du
für ein abscheuliches schwarzes Männchen."

Aber da fauchte das Kellermännchen und sagte:
„Bildest du dir ein, Igel Stachelfell, du wärest
schöner?"

„Natürlich!" sagte der Igel, „natürlich bin ich
viel schöner. Oder hat sonst jemand so schöne
Stacheln wie ich! Aber sag einmal – die Großmutter hat ein Kellermännchen, sie hat ein Scheunenmännchen, sogar ein Uhrenmännchen hat sie,
und doch ist sie eine arme Großmutter. Nicht einmal Mäuse hat sie im Keller und in der Scheune.
Und darum zieh ich jetzt fort, hinaus aufs Feld.
Denn verhungern, das mag ich nicht, das will ich
nicht."

„Armer Igel Stachelfell", sagte das Kellermännchen, „dann will ich dir gleich einmal ein bißchen
Milch geben."

Und das gute Kellermännchen goß dem Igel
Stachelfell ein Schälchen voll mit Milch. Da freute
sich der Igel. Und als er das Schälchen leergetrun-
ken hatte, putzte er sich sein Schnäuzchen und
sagte: „Du bist eigentlich doch ein ganz schönes
Männchen! Aber ausziehen will ich doch!"

„Ach was", sagte das Kellermännchen, „bleib
diese Nacht noch einmal hier. Bei mir im Keller

sollst du bleiben, denn heute scheint der Mond so schön, und in solchen Nächten kommt immer die böse Hexe Trullala. Die reitet auf ihrem Besenstiel durch die Welt und fängt für ihren schrecklichen Hexenkater Moses Libban Vögel und Mäuse. Auch ins alte Haus kommt die böse Hexe Trullala. Immer kommt sie auf ihrem Besenstiel durch das Kellerfenster geritten. Und die sollst du fangen. Denn ich habe ja nicht so schöne Stacheln wie du, Igel Stachelfell."

Da freute sich der Igel Stachelfell und rollte sich zusammen und legte sich grad unter das Kellerfenster. Das Kellermännchen aber setzte sich in die Ecke auf den Kohlenhaufen, zündete sich seine Pfeife an und wartete.

Und richtig, wie gerade der Mond am schönsten schien, da rauschte es in den Gartenbäumen, da brauste es im Hof vom alten Haus, und schon kam die böse Hexe Trullala auf ihrem Besenstiel durchs Kellerfenster gesaust. Und da saß sie auch schon fest auf dem steinalten Igel Stachelfell und konnte nicht mehr los. Sogar ihren Besenstiel verlor sie vor Schreck.

Der Igel Stachelfell rannte mit der bösen Hexe Trullala auf dem Rücken im ganzen Keller herum, und die Hexe stieß sich an allen Ecken, an den Schränken und an den Kartoffelkisten, am Äpfel-

brett und an dem Werkzeugschrank. Die Schürze
ging ihr auf, und die vielen Vögel, die sie gefan-
gen hatte, flatterten zum Kellerfenster hinaus in
den Birnbaum, in die Kastanien und in die Weiß-
dornhecke.

Weil aber die böse Hexe Trullala ihren Besenstiel verloren hatte, konnte sie nicht mehr zau-

bern. Den Besenstiel hatte der Kellermann in der Hand und hielt ihn hoch, und dann zauberte er:

„Zauber, Zauber, Zauberspiel,
Besen, Besen, Besenstiel!
In die Hexe, Hexe rein,
Vogelscheuche soll sie sein!
Hexenroß und Besenstiel:
aus das ganze Hexenspiel."

Und wie er das gesagt hatte, der Kellermann, da machte es knacks, und aus der Hexe war eine alte Vogelscheuche geworden. Der Kellermann stellte sie mitten in den Kohlenberg, und als am andern Tag die Großmutter in den Keller kam, schlug sie die Hände über dem Kopf zusammen und rief: „Da hat uns aber das gute Kellermännchen eine prächtige Vogelscheuche gemacht. Die sieht ja fast aus wie die böse Hexe Trullala!"
Und sie nahm den Besenstiel mit dem Hexengesicht und den Hexenkleidern und stellte ihn auf ihr Erbsenfeld. Da fürchteten sich die Vögel, und nicht eine einzige Erbse haben sie mehr aufgepickt. Da freute sich die Großmutter. Am meisten aber freute sich der Igel Stachelfell, denn nun wurde er endlich satt, Mäuse gab es genug im alten Haus – und das Märchen ist aus.

So erzählte das Scheunenmännchen Scheunenpuck, und die Kinder sagten: „Das war aber ein schönes Märchen, Scheunenpuck."

Und sie schauten sich die Hexenvogelscheuche an, und sie schauten sie noch einmal an, und ein bißchen fürchteten sie sich doch immer noch.

Und der Peter sagte: „Scheunenmännchen Scheunenpuck, eines mußt du uns aber noch erzählen. Was hat denn der Hexenkater Moses Libban angefangen, als seine Hexe nicht mehr heimkam?"

„Das kann ich dir nicht erzählen", sagte das Scheunenmännchen, „ich weiß es selber nicht. Vielleicht ist der Hexenkater verhungert, oder der Jäger hat ihn totgeschossen."

„Miau", sagte da die ururalte Katze Murks, „der Hexenkater Moses Libban ist nicht verhungert, und den hat auch der Jäger nicht totgeschossen. Miau miau, dazu ist der Hexenkater ja viel zu schlau. Und jetzt will ich euch einmal erzählen, wie es dem braven Kater Libban gegangen ist. Gebt acht, das ist

Das Märchen
vom Hexenkater Libban

Tief im Wald im Hexenhaus wohnte der große Hexenkater Libban und wartete auf die Hexe Trullala. Aber die Hexe kam und kam nicht. Und weil im Hexenhaus keine Mäuse waren, knurrte dem armen Kater der Magen, daß man es im Keller und auf dem Speicher hörte.

Das konnte der Kater Libban nicht aushalten, und da aß er das Zauberbuch der Hexe und das Zauberstäbchen dazu. Und wie er gerade das letzte Stückchen hinunterschluckte, da machte es bum bum! an die Tür, und jemand rief: „Mach auf, Kater Libban, mach auf! Von der Hexe einen Gruß! Ich bin der Zauberer Schirruglius!"

Da machte der Kater rasch die Tür auf, und der Zauberer, der böse Zauberer kam herein.

„Hä", sagte er, „Kater Libban, die Hexe Trullala hat mir gar keinen Gruß bestellt. Denn die Hexe, die ist jetzt eine Vogelscheuche im Garten vom alten Haus. Und weil du ein Zauberkater bist, nehm ich dich mit und esse dich mit Haut und Haaren, dann kann ich noch viel besser zaubern."

„Ja, das stimmt, böser Zauberer", sagte der Kater, „ich habe jetzt sogar das Zauberbuch und das Zauberstäbchen verspeist."

Da freute sich der Zauberer Schirruglius und stopfte den Kater Libban in einen Sack, den Sack nahm er auf die Schultern und ging davon.

Wie der Zauberer weiterging, kam er an eine kleine Quelle. „He", sagte er, „Kater Libban, was ist denn das für eine Quelle im Hexenwald?"

Und der Kater Libban im Sack sagte und schnurrte: „Schirruglius, das ist eine Zauberquelle. Daraus fließt der Zauberfluß. Durch den mußt du gehen, in den mußt du treten, dann kannst du noch tausendmal besser zaubern."

Aber das sagte der Kater nur so. Verzaubert war der Fluß, aber wenn einer in den Fluß ging, dann pucks! mußte er stehenbleiben und konnte keinen Schritt weitergehen. Das wußte der schlaue Kater.

Und richtig, der Zauberer machte ein paar Schritte ins Wasser hinein, da mußte er pucks! stehenbleiben und konnte nicht weitergehen.

Der Kater Libban im Sack aber schnurrte und sagte und zauberte:

„Miau!
Schirruglius, Schirruglius,
ei, knupliwarum:
nun bleibst du stehn im Hexenfluß
und wirst ein Fisch, du böser Mann,
und weist du, warum?
Daß dich der Katz jetzt fressen kann
Hautundhaarum!
Miau!"

So zauberte der schlaue Kater Libban, und was glaubt ihr? Schon war der böse Zauberer ein Fisch, und auch der Fisch konnte sich nicht bewegen.

Da sprang der Kater schnell aus dem Sack, krallte den Fisch mit der Pfote aus dem Wasser, und happ! hat er ihn aufgegessen. Aber geschmeckt hat ihm der Fisch überhaupt nicht.

Da wollte sich der Zauberkater Libban ein paar Mäuse fangen, aber die saßen alle ganz tief in ihren Löchern.

Es wurde Abend. Der Kater setzte sich am Feldrand hin und ließ seine schönen grünen Augen leuchten. Da kamen die Maikäfer neugierig herangeflogen und wollten die kleinen Laternen anschauen. Da konnte sie der schlaue Kater fangen. Aber die Maikäfer schmeckten ihm auch nicht.

Da sagte der Zauberkater Libban: „Nein, jetzt gehe ich in die weite Welt. Und da suche ich einen großen Zauberer, weil ich ja auch zaubern kann. Da können wir einander helfen und uns das Leben leichter machen."

Und der Kater Libban ging und ging hinaus in die weite Welt, aber nirgendwo traf er einen großen Zauberer. Da ging er noch ein Stückchen weiter, bis er zur Stadt kam beim alten Haus und bei der grünen Schule. Und was meint ihr wohl?

Wie er durch das Stadttor ging, da kam ihm der gestiefelte Kater entgegen. Und der Zauberkater Libban sagte: „Guten Morgen, gestiefelter Kater. Wie geht es dir?"

„Guten Morgen, Kater Libban", sagte der gestiefelte Kater, „mir geht es gut. Geht es dir auch gut?"

„Nein, gestiefelter Kater", sagte der Kater Libban, „mir geht es schlecht! Miau! Ich suche einen richtigen Zauberer, bei dem ich wohnen kann. Weißt du keinen tüchtigen Zauberer, der einen so schrecklichen Katz brauchen kann wie mich?"

„Ja", sagte der gestiefelte Kater, „sehr schrecklich bist du sogar. Aber ich weiß etwas für dich. Geh nur hier um die Ecke und noch einmal, dann kommst du zum Haus vom großen Zauberer Groffi Wentilator, und weißt du was? Der sucht gerade einen Kater, der ihm beim Zaubern hilft."

Wie das der Zauberkater Libban hörte, da freute er sich sehr und rannte um die Ecke und um die andere Ecke. Und er klopfte an die Tür beim großen Zauberer Groffi Wentilator, und als der die Tür aufmachte, gab er ihm gleich die Pfote und sagte: „Hier bin ich, großer Zauberer! Und ich bin der Hexenkater Moses Libban und kann auch ein bißchen zaubern. Wenn du willst, kann ich sogar schrecklich viel zaubern!"

Da freute sich der große Zauberer Groffi Wentilator sehr, denn den Kater Libban kannte er natürlich schon längst. Und nun durfte er bei ihm bleiben, und noch heute wohnt er bei ihm und hext und zaubert den ganzen Tag im Zauberhaus – und das Märchen ist aus.

So erzählte die ururalte Katze Murks, und das Scheunenmännchen und die Kinder sagten: „Das war aber eine sehr schöne Geschichte, Katze Murks."

Der Peter aber sagte: „Was meinst du, Katze Murks, dürfen wir in der Stadt auch einmal zum großen Zauberer Groffi Wentilator gehen? Und den Hexenkater Libban besuchen?"

„Ja", sagte die Katze Murks, „das dürft ihr bestimmt. Und wenn ihr den Kater Libban seht, dann sagt ihm einen schönen Gruß von der ururalten Katze Murks und daß sie ihn gern auch einmal besuchen kommt."

Aber während sie so miteinander sprachen, da krähte auf einmal der uralte Hahn und rief:

„Kikeriki!
Die Fledermäuse, die sind hie!"

Und richtig, die Sonne stand schon tief am Himmel, und um die Scheunenmauer flogen die schwarzen Fledermäuse. Da klopfte der Scheunenpuck rasch an das kleine Türchen und sagte: „Kinder, nun wird es Abend, nun wird es Zeit. Bald kommt der Sandmann von den Abendbergen, und dann müssen die Kinder in der Stadt im Bett sein."

Und er nahm die Hacke und den Spaten, und
dann gingen sie alle wieder durch das Türchen,
die Kinder und die Tiere und zuletzt der kleine
Puck. Schon standen sie hinter den Bohnenstangen in der großen Scheune. Und sie sagten: „Gute
Nacht, Scheunenmännchen Scheunenpuck!"

Aber kein Scheunenmännchen war mehr da,
nur hinter den Bohnenstangen raschelte es im
Stroh.

Nun liefen die Kinder ins alte Haus zur Großmutter. „Kinder", sagte sie, „was bleibt ihr solange!" Da hatten die Kinder viel zu erzählen vom
Scheunenmännchen, von dem Garten, den es ihnen geschenkt hatte, und von den wunderbaren
Geschichten.

Und dabei aßen sie alle ihr Abendbrot. „Genug
für heute", sagte dann die Großmutter, „husch ins
Bett! Denn ich hör ihn schon, den Sandmann von
den Abendbergen."

Am andern Tag aber durften die Kinder der
Großmutter backen helfen. Einen herrlichen Honigkuchen machte die Großmutter, mit Mandeln
drauf und feinem Zucker. Und als die Kinder am
Mittag wieder heim in die Stadt gingen, schnitt
die Großmutter ein großes Stück Honigkuchen ab
und sagte: „So, das nehmt ihr dem großen Zaube-

rer Groffi Wentilator mit. Und wenn er euch aufmacht, dann sagt ihr zu ihm: Großer Zauberer Groffi Wentilator, einen schönen Gruß von der Großmutter im alten Haus. Und die Großmutter schickt dir dieses Stück Honigkuchen. Genauso müßt ihr zu dem Zauberer sagen!"

Und sie gingen durch das Stadttor und klipper klapper, über die Straße und um diese Ecke und um die andere. Ja, und da standen sie vor dem Häuschen vom großen Zauberer Groffi Wentilator.

Und an der Tür, da hing an einer kräftigen Schnur ein dicker Tannenzapfen. Und der Peter sagte: „Ich will doch einmal dran ziehen, vielleicht ist das eine Glocke." Und er zog an dem Tannenzapfen und richtig, gleich ging es drinnen im Hause: kling klang klong, kling klang klong!

Und schon ging die Tür auf, ganz leise, und ein altes Männchen stand in der Tür, mit einem bunten Mantel und auf dem Kopf eine hohe spitze Mütze.

„Kinder", sagte das alte Männchen, „was läutet ihr an meinem Häuschen, am Häuschen?"

Aber da sagte der Peter gleich: „Großer Zauberer Groffi Wentilator, einen schönen Gruß von der Großmutter im alten Haus. Und die Großmutter schickt dir dieses Stück Honigkuchen."

Da strich sich der Zauberer seinen langen Bart und sagte: „Ja, das ist gut, das ist gut. Denn niemand kann so leckeren Honigkuchen backen wie die Großmutter im alten Haus, im alten Haus!"

Und er nahm die Kinder bei der Hand und sagte: „Weil ihr mir den Honigkuchen gebracht habt, dürft ihr auch einmal mitkommen in mein Zi-Za-Zauberzimmer."

Und sie gingen eine Treppe hinauf, durch einen Gang und ganz hinten durch eine kleine Tür. Da standen sie im Zauberzimmer. Es war eine alte Stube, an den Wänden waren Bücher bis hoch an die Decke hinauf, in der Mitte stand ein großer Tisch, und auf dem Tisch lag ein dickes Buch, das war das Zauberbuch. Auf dem dicken Zauberbuch aber saß eine große schwarze Katze.

„Guten Tag", sagte der Peter, „du bist gewiß der Hexenkater Moses Libban?"

„Miau, der bin ich", sagte der Hexenkater.

„Dann sollen wir dir viele Grüße bestellen", rief die Gretel, „nämlich von der ururalten Katze Murks. Und sie käme bald einmal zu Besuch."

Da freute sich der Kater Libban, und auch er strich sich mit der Pfote den Bart und sagte: „Ja, dann dürft ihr natürlich auch alles besehen im Zi-Za-Zauberzimmer, und vielleicht schenkt euch der große Groffi Wentilator sogar etwas, miau."

Da gingen die Kinder ganz vorsichtig durch das Zauberzimmer, und sie wunderten sich, was es da alles gab.

An einer Wand hing eine Vogelfeder, so groß wie ein Christbaum.

„Was ist denn das für eine Riesenfeder?" fragte der Peter.

„Finger davon!" rief der große Zauberer, „das ist bloß eine kleine Feder vom Vogel Greif. Und wenn man die anfaßt, dann kommt der Vogel Greif geflogen, Greif geflogen, und sagt: ‚Du hast mich gerufen, hier bin ich nun. Der Vogel Greif, was soll er tun?'"

Und neben der kleinen Feder vom Vogel Greif hing eine Trommel, und das war wirklich eine kleine Trommel. Der Zauberer nahm den Stock und gab ihn dem Peter in die Hand und sagte: „Du darfst die Trommel ausprobieren."

Da machte der Peter zwei Schläge, und schon sprangen zwei riesengroße wilde Kerle mit langen Schnauzbärten und dicken Knüppeln aus der Trommel und schrien:

„Bulle bum bum bommel,
aus der Trommel, aus der Trommel!
Sag, wen sollen
wir vertrommeln?"

Da nahm der Zauberer Groffi Wentilator selbst die Trommelstöcke in die Hand, machte ein paar Schläge und sagte:

„Nichts für heute,
liebe Leute!
Bulle bum bum bommel,
in die Trommel, in die Trommel!"

Und schrumm! waren die beiden Kerle wieder
in der Trommel verschwunden.

„Und was ist das?" sagte die Gretel und zeigte
auf ein Mützchen an der Wand, ein rotes Zipfel-
mützchen.

„Das ist ein altes Zwergenmützchen, ein Wun-
dermützchen, und von dem will ich euch einmal
eine schöne Geschichte erzählen, Geschichte erzählen."

Da setzten sich die Kinder an den Tisch, und
der gute Zauberer gab jedem einen riesengroßen
Apfel. Und der Kater Libban rollte sich auf dem
Zauberbuch zusammen und sagte: „Das ist sicher
eine schöne Geschichte, schöne Geschichte."

Und der Zauberer legte die Hände auf den Rük-
ken, ging im Zimmer auf und ab und er sagte:
„Liebe Kinder, nun gebt acht, ich erzähl euch

Das Märchen
vom Wundermützchen

Da war einmal ein böser Mann, der immer nur mit seinem Gewehr in den Wald ging und schoß, was ihm vor die Flinte kam. Hasen und Rehe, Hirsche und wilde Sauen, sogar die armen Eichhörnchen schoß er von den Bäumen. Seit Jahr und Tag war der Förster hinter ihm her, aber nie erwischte er ihn.

Eines Tages ging der böse Mann wieder in den Wald und wollte Rehe schießen. Er stiefelte hierhin und dorthin, aber nichts kam vor seine Flinte. Da wurde er müde, der böse Mann, und er setzte sich unter einer Tanne auf einen winzigen Hügel und ruhte sich aus. Und wie er so dasaß, da hörte er auf einmal mitten aus dem Hügel etwas singen, eine wunderschöne Musik hörte er. Denn der Hügel, das war der Zwergenberg. Und die Zwerge waren es, die darin Musik machten.

Der böse Mann legte sich auf die Erde und preßte sein Ohr in das grüne Moos. Und er hörte auf einmal, wie eine feine Stimme rief: „Wie freu ich mich, daß ich heute 900 Jahre alt wurde und endlich ein neues Mützchen bekam. Wem soll ich mein altes schenken? Der muß rufen: ‚Mir!‘ "

Und gleich rief der böse Mann „Mir!" Und er hatte den Mund noch nicht wieder zugemacht – wupp! da flog auch schon aus einem Kaninchenloch ihm ein Mützchen, grad vor die Füße.

Wie sich da der böse Mann gefreut hat! Denn das hatte ihm schon seine Großmutter erzählt: Wer so ein Zwergenmützchen aufsetzt, den kann keiner mehr sehen. Ja, und der böse Mann hob das Mützchen auf, ein altes blaues Mützchen war es, er setzte es auf den Kopf und ging in den Wald hinein.

Für die armen Tiere kam eine schlimme Zeit. Denn jetzt schoß der Mann erst recht auf alles, was sich bewegte. Denn die Tiere konnten ihn ja nicht sehen, wenn er kam, und auch der Förster nicht. Denn der böse Kerl behielt das Mützchen Tag und Nacht auf.

Da gingen alle Tiere aus dem Wald zu den Zwergen im Zwergenberg, und das braune Reh klopfte an und sagte: „Kleiner Zwerg, warum hast du dem bösen Kerl dein Mützchen gegeben? Jetzt hat er es immer auf, und keiner kann ihn sehen."

„Ja", sagte der kleine Zwerg, „ich fragte, wem ich das Mützchen schenken sollte, und da hat er ‚Mir' gesagt! Warum hast du nicht ‚Mir' gesagt?"

Da ging das braune Reh ganz traurig mit den anderen Tieren weiter. Und sie waren noch gar nicht weit gegangen, da begegnete ihnen der Rabe, der saß auf einem Baum.

Und das Reh sagte zu dem Raben: „Lieber Herr Rabe, kannst du dem bösen Mann mit deinem großen Schnabel nicht das Zwergenmützchen vom Kopf reißen?"

„Dem bösen Kerl", knarrte der Rabe, „dem tu ich nichts. Denn wenn er etwas geschossen hat, dann läßt er mir immer ganz viel übrig."

So sagte der Rabe und flog davon.

Und das braune Reh und die Tiere des Waldes gingen traurig weiter. Da begegneten sie dem Wind. Der spazierte durch den Wald und schaute nach, wieviele Tannenzapfen er schon heruntergeweht hatte in der Nacht.

Und das braune Reh sagte zum Wind: „Lieber Vater Wind, kannst du nicht dem bösen Kerl sein Zwergenmützchen vom Kopfe wehen? Denn der böse Kerl schießt uns arme Tiere alle tot."

Aber der Wind sagte: „Arme Tiere, das kann ich nicht. Denn ich kann den bösen Kerl ja nicht sehen, weil er immer das Mützchen auf hat." So sagte der Wind und ging weiter spazieren.

Wie das die Tiere und das Reh hörten, da wollten sie fortlaufen aus dem Wald in die weite Welt. Aber da begegneten sie gerade noch dem großen Zauberer Groffi Wentilator.

Und das braune Reh sagte zu dem Zauberer: „Lieber großer Zauberer Groffi Wentilator, kannst du nicht dem bösen Kerl das Zwergenmützchen vom Kopf zaubern?"

„Natürlich kann ich das", sagte der Zauberer, „aber ich habe gerade so furchtbar viel zu zaubern, darum will ich euch den Zauberkater Moses Libban schicken. Denn der kann ihn sehen, auch wenn er das Mützchen auf hat."

Wie das braune Reh und die Tiere das hörten, da freuten sie sich sehr, und sie riefen alle: „Danke schön, großer Zauberer Groffi Wentilator" und gingen wieder in den Wald zurück.

Sie waren noch gar nicht weit gegangen, da machte es „miau!", und vor einer dicken Tanne stand der Kater Moses Libban und machte einen großen Katzenbuckel.

Und die Tiere sagten zu dem Kater: „Libban, Libban, es rauscht im Wald. Hörst du es nicht? Der böse Kerl kommt."

„Ach was", sagte der Kater, „das sind nur die Kinder, die gehen in die grüne Schule."

Und richtig, die Kinder kamen und gingen vorbei an der dicken Tanne. Denn das war ihr Schulweg. Aber die Tiere und der große Zauberkater Libban, die versteckten sich hinter der Tanne.

Und wieder ging es trapp trapp im Wald, und wieder sagten die Tiere: „Libban, Libban, hörst du es rauschen im Wald? Der böse Kerl kommt."

„Ach was", sagte der Kater, „das sind nur die Kinder, die heute zu spät kommen."

Aber gerade wie die Kinder fort waren, da hat es knacks! knacks! im Wald gemacht, und gleich spitzte der Kater Libban die Ohren, und er fauchte:

„Miau! Jetzt kommt der böse Kerl!"

Und richtig, der böse Kerl kam an der Tanne vorbei, aber die Tiere sahen ihn nicht, nur der Hexenkater Libban sah ihn. Und wupp! sprang er ihm auf den Kopf, ritsch! zog er ihm das Zwergenmützchen ab, und dann lief er mit dem Mützchen heidi! davon.

„Haltet den Dieb! Haltet den Dieb!" rief der böse Kerl und wollte hinter dem Zauberkater herrennen. Aber da stolperte er über eine Wurzel, da rutschte er in eine Brombeerhecke, da schlug ihm ein Ast auf den Kopf, und den Zauberkater sah er schon gar nicht. Denn der hatte sich das Mützchen selbst aufgesetzt, und dann sprang er dem bösen Kerl auf die Schulter und packte ihn mit seinen Krallen.

Und der böse Mann rannte und rannte und schrie und schrie, und er rannte bis ans Ende der Welt und noch zehn Meilen weiter.

Da lief der Zauberkater Libban zurück und brachte das Zwergenmützchen zum großen Zauberer Groffi Wentilator im Zaubererhaus – und das Märchen ist aus.

So erzählte der große Zauberer Groffi Wentilator, und dann sagte er: „Kinder, war das nicht ein schönes Märchen, schönes Märchen? Aber nun ist es schon dunkel in der Stadt, ihr müßt nach Hause gehen. Aber wartet noch ein bißchen, ich will euch noch etwas mitgeben, mitgeben."

Und er öffnete seinen großen Schrank, und was holte er da heraus? Zwei wunderschöne Büchsen mit Farbstiften holte der große Zauberer Groffi Wentilator heraus, eine für den Peter und eine für die Gretel. Und auf der einen waren die bösen Männchen abgemalt, und auf der anderen die gute Hexe Tannenmütterchen.

Die Kinder bedankten sich sehr bei dem Zauberer, doch der brummte nur und sagte: „Schon gut! Schon gut!" und zum Kater Libban sagte er: „Jetzt mußt du die Kinder nach Hause bringen, nach Haus bringen."

Und der Zauberkater brummte und sagte: „Schon gut, schon gut", und er ging vor ihnen her durch die dunklen Gassen der Stadt und leuchtete mit seinen grünen Augen. Da rannten die bösen Hunde an den Straßenecken alle fort und bellten nicht einmal.

Und wie die Kinder nach Hause kamen, da stand schon ihre Mutter unter der Tür und wartete. „Kinder, wo wart ihr solange?" rief sie.

„Miau", sagte der Zauberkater Moses Libban, „du brauchst keine Angst zu haben, Mutter, keine Angst, denn die Kinder waren beim großen Zauberer Groffi Wentilator." Und zu den Kindern sagte er noch: „Sagt noch einen schönen Gruß an die ururalte Katze Murks im alten Haus, alten Haus! Miau!" und wupp! war der Zauberkater Libban fort.

Und die Kinder gingen ins Haus hinein mit ihrer Mutter, und sie zeigten die Büchsen, die sie vom großen Zauberer Groffi Wentilator bekommen hatten, und sie erzählten, bis ihnen die Augen ganz schwer wurden. Da gingen sie gern ins Bett.

Als sie wach wurden am anderen Morgen, da schien die Sonne, da sangen die Vögel, da flogen die weißen Tauben über die roten Dächer, und wie die Kinder zum Fenster hinaus schauten, da sahen sie ganz, ganz weit am Wald das alte Haus, und sie sahen, wie aus dem Kamin vom alten Haus der Rauch in den Himmel stieg.

Da aßen sie schnell ihre Butterbrote, tranken sie schnell ihre Milch, und dann rannten sie klipper klapper die Straßen hinab durch die Stadt und durch das Tor und dann hinaus zum alten Haus.

Und gerade wie sie aus dem Stadttor kamen, da sahen sie zwei Holzhacker. Die hatten jeder eine große Axt und einen langen Strick. Und sie hörten, wie der eine Holzhacker zum anderen sagte: „Ja, jetzt hauen wir die Tanne um, die riesengroße alte Tanne an der grünen Schule."

Und der Peter fragte die Holzhacker: „Warum wollt ihr denn die schöne Tanne umhauen bei der grünen Schule?" Aber die Männer schauten weg und gaben gar keine Antwort.

Und die Kinder liefen und liefen, und gerade wie der alte Hahn Krahks im Heuspeicherfenster rief:

„Großmutter, kikeriki!
Gleich sind die Kinder wieder hie" –

da rannten die Kinder auch schon durch den Garten vom alten Haus und riefen: „Großmutter, Großmutter, da sind zwei Holzhacker, die wollen die schöne dicke Tanne umhauen an der grünen Schule!"

„Was sind das für Sachen", sagte die Großmutter, und dann machte sie das Fenster auf und rief den alten Hund. „Bautz, alter Hund", sagte sie, „lauf schnell einmal zur Hexe Tannenmütterchen, damit sie weiß, daß zwei Holzhacker die schöne dicke Tanne an der grünen Schule umhauen wollen."

„Wau!" sagte der alte Hund Bautz, „wau, Großmutter, ich bin schon fort."

Und hui! rannte er durch den Garten, hui!
sprang er über den Gartenzaun, hui! war über der
Wiese auf und davon und im Wald.

„So", sagte die Großmutter und setzte sich an
den Küchentisch, und die Kinder setzten sich zu
ihr, „jetzt wird die Hexe Tannenmütterchen gleich
kommen. Und dann, ihr Holzhackerkerle, dann
geht es euch schlecht."

„Ist denn etwas besonderes mit der Tanne bei
der grünen Schule?" fragten die Kinder.

„Das ist doch unsere gute Tanne Silberblau",
sagte die Großmutter. „Und damit ihr wißt, was
das für eine besondere Tanne ist, will ich euch
jetzt also ein Märchen erzählen,

Das Märchen
von der Tanne Silberblau

Weit, ganz weit hinter den sieben Bergen bei den sieben Zwergen stand einmal eine schöne Tanne, die Tanne Silberblau. Sie war noch klein, die Tanne, aber die Zwerge freuten sich sehr, und sie sagten: „Wenn die Tanne Silberblau einmal groß ist, so groß bis an die Wolken, dann wollen wir uns ganz oben ein Häuschen bauen." Da war die Tanne erst so groß wie ein Riese.

Und die Tanne wuchs und wuchs, und sie wurde groß wie ein Kirchturm und wuchs jedes Jahr ein Stückchen weiter.

Und jedes Jahr klopften die Zwerge einmal an die Tanne und riefen: „Silberblau! Silberblau!"

Denn in der Tanne wohnte das Tannenfräulein Silberblau. Und sie gab Antwort und rief: „Was wollen die lieben, was wollen die sieben Zwerge von den sieben Bergen?"

Und die Zwerge sagten: „Reicht die Tanne Silberblau bald bis an die Wolken grau?"

Das Tannenfräulein rief: „Laßt noch ein paar Jährchen gehen. Sie kann noch nicht über die sieben Berge sehen."

Und wieder gingen ein paar Jahre vorüber, und wieder klopften die Zwerge an die Tanne, und wieder hörten sie die Antwort vom Tannenfräulein: „Laßt noch ein paar Jährchen gehen, grad kann sie über die sieben Berge sehen."

Und die Zwerge warteten geduldig.

Aber einmal, wie sie grad tief im Berg an der Arbeit waren, Gold und Silber zu hacken, da kam der Riese Tokus über die sieben Berge. Wie er die Tanne Silberblau sah, da rief er: „Ei, das ist mal ein schöner Spazierstock."

Und hau-ruck! riß er die Tanne aus dem Boden, brach die Äste und die Spitze ab, und da hatte er seinen Spazierstock. Das Tannenfräulein darin weinte und klagte, gelbe harzige Tränen weinte es.

Doch der Riese Tokus hörte nichts und fühlte nichts. Er pfiff sein Riesenlied und spazierte weiter und immer weiter, weil er ja einen so schönen Spazierstock hatte.

Und eines Abends kam er in den Wald beim alten Haus, und da sah er ein kleines Häuschen. Ganz leise klopfte er an die Tür, daß alle Wände wackelten und alle Scheiben klirrten, und er sagte: „Mach auf! Der Riese mit dem schönen Spazierstock ist hier."

Und wer hat aufgemacht? Die Hexe Tannenmütterchen machte die Haustür auf, und sie sagte: „Was fällt dir ein, Riese Tokus! Du bist doch viel zu groß für mein kleines Hexenhaus."

Der Riese kratzte sich am Kopf und sagte: „Ja, da hast du recht, Hexe Tannenmütterchen. Weißt

du was: ich lege mich einfach in den Wald schlafen, und meinen Spazierstock, den steck ich hier
in den Boden."

Und das hat der Riese auch getan.

Mitten in der Nacht aber wurde das Tannenmütterchen auf einmal wach. Von draußen hörte
es eine leise Stimme, die sagte und rief:

„Wach auf, wach auf aus deinem Traum,
wach auf, du gute Frau!
Sonst stirbt mit ihrem Tannenbaum
die arme Silberblau."

Da stand die gute Hexe Tannenmütterchen sofort auf, machte leise, ganz leise die Haustür auf
und sah, wie der Riese Tokus dalag und schlief
und schnarchte.

Mit dem Hexenbesen ritt dann das Tannenmütterchen über den Riesen hinweg und zu dem Tannenbaum, der da stand ohne Äste und ohne
Spitze. Und wieder hörte sie das arme Tannenfräulein Silberblau weinen und rufen.

„Komm doch heraus, Tannenfräulein", sagte
die gute Hexe.

Aber das Tannenfräulein weinte und sagte:
„Das kann ich doch nicht. Wenn ich heraus-
komme, dann muß ich sterben."

„Ja", sagte die Hexe, „dann komme ich lieber zu dir." Und hokus pokus! war sie drin in der Tanne, und das Tannenfräulein Silberblau erzählte alles.

Da wurde aber der Riese wach, und er rief: „Wer ist denn da immer am Schwätzen! Da kann ja kein Mensch schlafen. Da kann ja kein Riese schlafen."

Und er setzt sich auf und schaute sich um, aber er sah niemand.

Als er sich aber wieder hinlegte, da fuhr ihm die Hexe Tannenmütterchen ritsch! mit ihrem Hexenbesen über das Gesicht.

„He, wer kitzelt mich da?" sagte der Riese, und er sprang auf die Füße und packte seinen Spazierstock. „Warte nur, wenn ich dich kriege!"

Aber seinen Tannenspazierstock konnte er nicht aufheben, seinen Stock konnte er nicht aus dem Boden reißen. So schwer war die Tanne auf einmal.

Das war nämlich die Hexe Tannenmütterchen, die sich so schwer machte wie ein Berg.

„Riese Tokus", sagte die Hexe Tannenmütterchen, „wenn dir dein Spazierstock zu schwer ist, dann nimm ihn doch auf den Rücken."

Das machte der Riese auch, und da wupp! saß die Tanne auf seinen Schultern fest. Und als ihn die Hexe dann noch mit ihrem Besen immer hin-

ten am Hals kitzelte, da wurde er ganz wild und rannte und rannte, bis er wieder an die sieben Berge kam.

Die sieben Zwerge hörten ihn schon von weitem brüllen. Alle sieben Zwerge standen vor ihren Häuschen, als der Riese über die sieben Berge gerannt kam.

„Hier", heulte er, „ihr dummen Zwerge! Hier habt ihr eure Tanne wieder! Ich mag sie gar nicht haben!"

Und er wollte den Baum hinwerfen, aber der war immer noch fest auf seiner Schulter, und er fiel selber mit um. Und er wälzte sich und schrie, aber der Baum blieb immer noch fest an ihm.

Da kam endlich die gute Hexe Tannenmütterchen mit ihrem Besen aus der Tanne, und jetzt war sie auf einmal leicht und der Riese konnte aufstehen. Und er stand da und staunte.

Die Hexe aber wischte dem Riesen mit ihrem Besen unter der Nase herum und sagte: „Riese Tokus, nicht einmal so ein kleines Bäumchen kannst du aufheben. Aber nun schau einmal, wie man es richtig macht."

Und in der einen Hand hielt sie die Tanne, mit der anderen nahm sie den Besenstiel und schlug ganz leicht auf die Tannenspitze. Dazu sagte sie: „Höre, was die Hexe kann: Tanne, Tanne, wachse an!"

Da fuhren die Wurzeln ganz tief in die Erde, da kamen die Äste aus den abgebrochenen Stummeln, da wehte der Wind durch die Zweige, da bekam die Tanne wieder eine wunderschöne Spitze. Und die Zwerge standen vor ihrem Zwergenhaus und klatschten in die Hände.

Und die gute Hexe Tannenmütterchen sagte zum Riesen Tokus: „Du hast den Zwergen viel Kummer gemacht. Willst du ihnen jetzt vielleicht ein bißchen graben helfen nach Gold und nach Silber?" Und dabei legte sie ihm ihren Hexenbesen auf den Kopf, und der Riese Tokus nickte.

Das Tannenfräulein Silberblau aber schenkte der guten Hexe einen wunderschönen Samen von ihrer Tanne. Den pflanzte das Tannenmütterchen im Wald, und bei der grünen Schule kam die schöne dicke Tanne heraus – und das Märchen ist aus.

So erzählte die Großmutter. Und gerade wollten die Kinder sagen: „Das war aber ein schönes Märchen", da donnerte und rollte es draußen, und die Kinder sagten: „Großmutter, es kommt ein Gewitter!"

Aber das war kein Gewitter. Das war die Hexe Tannenmütterchen auf ihrem Bollerwagen, und den Wagen zog der alte Ziegenbock Brause. Brrr! hielt sie vor dem alten Haus den Ziegenbock an. Und die Hexe Tannenmütterchen winkte über den Gartenzaun und rief: „Kinder! Kommt zu mir auf den Wagen. Wir fahren in den Wald!"

„Ja, Kinder, fahrt nur mit", sagte die Großmutter. Da freuten sich die Kinder sehr, und eins, zwei, drei, kletterten sie auf den Wagen, setzten sich hinter die gute Hexe Tannenmütterchen, und der Bock Brause zog wieder an, und hui! raste er durch die Wiese und hinein in den tiefen Wald, zuerst durch die kleinen Tannen, dann zwischen den hohen Buchen hindurch, dann ein Stückchen durch die wilde Heide, und schon waren sie im dicken Tannenwald. An der hohen Tanne bei der grünen Schule hielten sie an.

Die Holzhacker aber, die waren noch nicht da.

„Das ist gut", sagte die Hexe Tannenmütterchen und versteckte den Bollerwagen und den Bock Brause im Wald, und dann ging sie mit den

Kindern trockenes Holz suchen. Und gerade hatten sie das erste Bündelchen fertig zusammengesucht, da kamen die Holzhacker heran. Und was glaubt ihr? Die erkannten die Hexe Tannenmütterchen nicht, sie glaubten, da wäre bloß eine arme Frau am Holzsuchen mit ihren Kindern.

Und sie sagten: „Alte Frau, paßt auf, daß die Tanne nicht auf euch fällt, denn die hacken wir jetzt um. Und steht uns nicht im Wege!"

Doch die Hexe Tannenmütterchen sagte: „Hi hi! Warum wollt ihr denn die wunderschöne Tanne umhauen? Sie hat euch doch nichts getan."

„Das nicht", sagten die Holzhacker, „aber unter der Tanne, da wohnen Zwerge, und die Zwerge haben viel Gold und Silber, das wollen wir uns holen."

„Hi hi!" sagte die Hexe Tannenmütterchen, „dann holt es euch. Wir wollen euch nur ein bißchen zusehen." Und die Hexe setzte sich mit den Kindern auf ihr Holzbündel.

Zuerst sahen sie, wie die Holzhacker hoch hinauf in die Tanne kletterten und den Strick festmachten. Dann sagte der eine: „So, jetzt wollen wir mal sehen, ob der Strick auch fest ist."

Die Hexe Tannenmütterchen aber zauberte ganz leise:

„Alter Uhu, beiße,
Strickchen, Strickchen, reiße!"

Das hörte hoch oben in der Tanne der alte Uhu,
und er machte den Schnabel auf und machte den
Schnabel zu – da war der Strick knapps! durchge-
bissen, und weil die Männer daran zogen, machte
es knax!, und pardauz! lagen die Holzhacker im
Moos, und der Strick tanzte um ihre Ohren.

„Hoppla", sagten die zwei zueinander, „den haben wir aber schlecht angebunden."

Und sie kletterten noch einmal hinauf, und
diesmal banden sie den Strick mit vielen Knoten
ganz fest.

„So", sagten sie, „jetzt muß er aber halten!"

Und sie kletterten rasch nach unten, und dann
zogen sie mit aller Kraft, und wieder zauberte die
Hexe ganz leise:

„Fädchen, Fädchen, schleiße!
Strickchen, Strickchen, reiße!"

Da waren alle Fäden im Strick zerschlissen, und
pardauz! lagen die Männer wieder auf der Erde,
aber diesmal in einem dicken Dornenbusch, und
der Strick war zerrissen in hundert Stücke. Da
waren die Männer aber wütend!

Und sie krabbelten sich heraus aus dem Dornenbusch, da waren ihre Hosen zerrissen, ihre
Hemden zerfetzt, ihre Hände zerkratzt von den
scharfen Stacheln.

Und sie schimpften und riefen und sagten zum
Tannenmütterchen: „Alte Hexe, lach uns ja nicht
aus! Warte nur, wir schlagen die Tanne doch noch
um."

Und der eine nahm seine Axt, packte sie mit
beiden Händen, schwang sie hoch über seinen
Kopf – aber da zauberte das Tannenmütterchen
schon wieder:

„Äxtchen soll verderben,
werde Glas und Scherben!"

Krach! schlug der Mann die Axt an die Tanne,
aber es gab nur ein Klirren, und die Axt zersprang
in tausend Stücke, in tausend Scherben.

Da bekamen es die Holzhacker mit der Angst.
Der eine schaute den anderen an und sagte: „O
weh, das haben gewiß die Zwerge gezaubert."

„Ho ho!" sagte die Hexe Tannenmütterchen
und stand auf, und dabei wurde sie ganz groß, rie-
sengroß wurde sie, und sie sagte: „Ho ho, das
habe ich gezaubert. Ich bin nämlich die Hexe Tannenmütterchen."

Dann legte sie die Hände an den Mund und rief in den Wald hinein: „Brause! Brause, komm her, mein Bock!"

Und sofort krachte und brauste es in den Tannen, und zwischen den Bäumen kam der Bock Brause gerannt. Rot waren seine Augen, Dampf kam aus seiner Nase.

Wie das die Holzhacker sahen, begannen sie zu laufen und zu rennen, und hinter ihnen her der Bock Brause. Und er stieß sie mit seinen langen schwarzen Hörnern, daß sie über die Büsche flogen, und als sie aus dem Wald heraus waren, da trieb er sie noch über die Hecken und Zäune bis zum Stadttor. Und hinter ihnen her brüllte er „Mäh, mäh, mäh," daß alle Leute sich vor Angst im Hauseingang versteckten. Dann drehte sich der Bock Brause um und lief wieder zurück in den Wald.

Die gute Hexe Tannenmütterchen streichelte ihn und sagte: „Das hast du aber fein gemacht, Brause, mein Bock."

„Mäh, mäh, mäh! Da hast du recht", sagte der Bock, und dann drehte er sich um und begann, an den Büschen zu knabbern.

„Hexe Tannenmütterchen", sagte da die Gretel, „stimmt es denn, daß hier unter der schönen Tanne Zwerge wohnen?"

Und kaum hatte sie das gesagt, da rief eine
Stimme: „Ja gewiß wohnen die Zwerge hier!"
Und die Kinder sahen zwischen den großen
Tannenwurzeln zuerst ein Zwergenmützchen,
dann eine Zwergennase, und zuletzt einen langen
weißen Zwergenbart. Und da war der ganze
Zwerg aus dem Loch gesprungen, kam zur Hexe

Tannenmütterchen und sagte: „Liebes Tannenmütterchen, wir danken dir auch schön, daß du
die bösen Holzhacker fortgejagt hast. Und jetzt
sollst du mit den Kindern vom alten Haus zu uns
kommen in unsere Zwergenhöhle, damit wir euch
etwas Schönes schenken."

Da freuten sich die Kinder, und zusammen mit
der guten Hexe Tannenmütterchen gingen sie
hinter dem Zwerg ganz nah an die Tanne heran.

Und was sahen sie da? Zwischen den dicken
Wurzeln sahen sie eine Treppe, eine winzige
Treppe, die ganz tief hinunter in die Erde ging.

„Hexe Tannenmütterchen", fragte der Peter,
„konnten die Holzhacker denn die Treppe nicht
sehen?"

Da drehte sich der Zwerg herum und sagte:
„Was seid ihr für dumme Kinder! Die Treppe, die
ist natürlich verzaubert, nur Zauberleute können
sie sehen, und manchmal auch die Kinder."

Und er ging vor ihnen her die Zaubertreppe
hinab, und es wurde dunkel, kein Sonnenstrahl
war mehr zu sehen, nur die Steine an den Wänden
leuchteten, sie leuchteten rot und grün und blau
und silbern.

So gingen sie immer weiter hinab, bis sie an
eine kleine Tür kamen. Die machte der Zwerg auf,
und da waren sie in der Zwergenhöhle.

In der Zwergenhöhle leuchteten die Steine an den Wänden noch viel schöner. Und mitten in der Höhle stand ein steinerner Tisch, und an dem steinernen Tisch saßen viele kleine Zwerge. Vor jedem Zwerg stand ein kleines Schüsselchen, da hinein kratzten sie Farben von den bunten Steinen, der eine von einem roten, der andere von einem grünen, der andere von einem blauen, der andere von einem silbernen. Es waren sogar Zwerge da, die schabten die gelbe Farbe aus den kleinen Schlüsselblumen in ihre Farbenschälchen.

„Liebe Zwerge", fragte die Gretel, „was macht ihr denn da?"

„Ja", sagte die gute Hexe Tannenmütterchen, „Kinder, das wißt ihr noch nicht? Die Zwerge, die machen feine Farben für den Osterhasen. Und damit färbt der Osterhase dann die Ostereier bunt."

„Dürfen wir euch ein bißchen helfen?" fragte die Gretel und fragte der Peter.

„Aber gern", sagte der größte Zwerg, und dann rückten sie alle enger zusammen. Da gab es Platz für den Peter und die Gretel, und die Gretel bekam einen grünen Stein, der Peter einen roten, und ein goldenes Messerchen bekam jedes dazu, und die Kinder begannen, die schönen Farben abzuschaben.

Die Hexe Tannenmütterchen aber, die durfte sich in einen feinen großen Sessel setzen und brauchte gar nichts zu tun, weil sie ja die bösen Holzhacker weggejagt hatte. Und wie die Kinder und die Zwerge so fleißig am Arbeiten waren, da sagte sie: „Liebe Zwerge, liebe Kinder, weil ihr alle so schön arbeitet, will ich euch auch ein schönes Märchen erzählen. Ein Märchen aus der grünen Schule. Und das geht so:

Das Märchen
von der Schwalbe und
der Fledermaus

Das ist schon lang, lange her, da lebte in der Stadt eine Schwalbe. Die hatte ihr Nest in einer alten Werkstatt. Die war so alt, daß darin niemand mehr arbeitete. Der Schornstein rauchte schon lange nicht mehr, und die Schwalbe hatte ein gutes Leben.

Eines Tages aber kam die Schwalbe heim, sie setzte sich in ihr Nest, und da merkte sie, daß sie krank war. Aber sie konnte sich nicht darum kümmern, denn in ihrem Nest hatte sie fünf kleine Schwalbeneier liegen. Die mußte sie ausbrüten.

Tag und Nacht saß sie in ihrem Nest und träumte von den kleinen Schwalbenkindern. Da kam einmal, als grad die Abendglocken läuteten, eine Maus vorbei. Sie steckte ihre Nase ins Schwalbennest und sagte: „Guten Abend, Frau Schwalbe! Ich störe nicht gern. Aber ich weiß leider nicht mehr, wo es weitergeht."

„Guten Abend", sagte die Schwalbe. „Dann kannst du mir ja ein bißchen Gesellschaft leisten."

„Warum nicht", sagte die Maus, „abends gehe ich sowieso nicht mehr gern spazieren. Da sind die Katzen unterwegs."

„Gute Maus", sagte die Schwalbe, „du könntest mir eigentlich helfen, meine Eier auszubrüten. Nur noch drei Tage. Denn ich war krank und bin immer noch schwach."

Das gefiel der Maus, und sie setzte sich gleich
mit ihrem warmen Pelz auf die Eier.

Die Schwalbe flog inzwischen dahin und dorthin und brachte der Maus lauter feine Sachen,
Brotkrusten, Käsrinden und Wurstbrot. Am drit-
ten Tag brachte sie sogar ein frisches Stück Weiß-
brot mit.

Dann sagte sie: „Nun, gute Maus, kommt bald der Abend. Noch einmal fliege ich fort. Vielleicht kann ich ein Stückchen Speck auftreiben, denn das ist doch deine Leibspeise."

Kaum war die Schwalbe davongeflogen, da hörte es die Maus auf einmal in den Eiern picken und knicken, und schon krabbelten die Jungen heraus.

Neugierig sah sich die Maus die Vögelchen an. Aber, o weh, es waren gar keine kleinen Schwalben, es waren gar keine richtigen Vögel. Keine Federn hatten sie, nur graues Fell, und einen Kopf hatten sie wie Mäuse, mit langen Ohren, und schwarze Flügel mit Krallen daran.

„Was wird das geben!" sagte die Maus, „die Schwalbe pickt mich zu Tode."

Und sie wischte, so schnell sie konnte, aus dem ·Nest und den Schornstein hinab und ins Gras und ins Mauseloch.

Als die Schwalbe zurückkam, fiel ihr der Speck vor Schreck aus dem Schnabel, als sie die ausgeschlüpften kleinen Tiere sah. „Das sind nicht meine kleinen Schwalbenkinder, von denen ich geträumt habe!" rief sie, und dann blieb ihr vor Schreck das Herz stehen.

Da kamen die anderen Schwalben zusammen und überlegten, was aus den Kleinen werden

sollte. Denn bei den Schwalben konnten sie ja nicht bleiben.

Endlich sagte die Königin der Schwalben: „Wie Mäuse sehen sie aus, und sind doch keine Mäuse. Fliegen können sie, und sind doch keine Schwalben. Wir wollen sie Fledermäuse nennen. Im Dunklen sollen sie wohnen, in alten Türmen und Scheunen. Nie sollen sie ausfliegen bei Tag, sondern immer nur bei Nacht!"

Und so ist es auch geschehen. Bis heute wohnen die Fledermäuse im Dunklen, niemals sehen sie die Sonne. Erst wenn es dämmert und der Abend kommt, fliegen sie aus – und das Märchen ist aus.

So erzählte die gute Hexe Tannenmütterchen. Und die Kinder und die Zwerge freuten sich und riefen: „Das war aber ein wunderschönes Märchen, Hexe Tannenmütterchen."

„Ja, das war es auch", sagte die Hexe, „aber nun, Kinder, müssen wir wieder zur Großmutter zurück. Die wartet gewiß schon lange auf uns."

Wie das die Zwerge hörten, da standen sie alle auf, und der größte von ihnen sagte: „Wir müssen dir aber erst etwas schenken, gute Hexe Tannenmütterchen, weil du doch die bösen Holzhacker fortgejagt hast. Und die Kinder müssen auch etwas kriegen."

Und der Zwerg holte aus einem Schrank eine schöne blaue Kaffeetasse, darauf malten die Zwerge mit goldener Farbe:

Der guten Hexe Tannenmütterchen.

Und andere Zwerge nahmen ihre Hacke und schlugen aus der Wand zwei wunderschöne Glitzersteine, einen roten für den Peter und einen grünen für die Gretel.

Und dann riefen sie alle zusammen: „Auf Wiedersehn!" und gingen die Treppe hinauf, und wie sie oben und draußen standen unter der dicken Tanne und sich umschauten – was glaubt ihr? Da war das Loch und die Treppe fort, nur noch dunkelgrünes Moos war unter der Tanne.

125

Die Hexe Tannenmütterchen aber rief den Bock Brause und spannte ihn vor den Bollerwagen, und hurre hopp! fuhren sie zurück durch den tiefen Tannenwald, durch die wilde Heide, durch die hohen Buchen, zwischen den kleinen Tännchen hindurch über die Wiese zum alten Haus.

Im alten Haus, da wartete die Großmutter schon, und die guten Tiere warteten auch, der alte Hund, der uralte Hahn und die ururalte Katze Murks. Sogar das Scheunenmännchen Scheunenpuck saß dabei.

Und wie der Wagen mit dem Bock Brause anhielt, da sprang das Scheunenmännchen hinzu und sagte: „Hexe Tannenmütterchen, die Kinder haben Erbsen gesetzt in ihr Gärtchen. Hast du vielleicht Erbsenreiser für sie?"

„Erbsenreiser", sagte das Tannenmütterchen, „davon habe ich genug in meinem Wald."

Und gleich sagte sie zu ihrem Bock Brause: „Brause, mein Bock, fahr schnell mit dem Bollerwagen zum Hexenhaus, dort sollen dir die guten bösen Männchen den ganzen Wagen beladen mit Erbsenreisern. Die bringst du dann her."

Und im Hui! brauste der Bock Brause davon mit dem Hexenwagen über Stock und Stein in den tiefen Hexenwald hinein. Und das Scheunenmännchen Scheunenpuck sagte: „Danke schön, gute Hexe Tannenmütterchen!" Und schon war es verschwunden.

Die andern alle gingen in die Küche, die Tiere und die Kinder und die Hexe Tannenmütterchen und die Großmutter. Und wie sie dasaßen und von den Holzhackern und den Zwergen erzählten, da sagte die gute Hexe Tannenmütterchen: „Ich glaube, ich weiß noch eine Geschichte."

„Das ist gut", riefen die Kinder, „dürfen wir die Geschichte hören?"

„Kennt ihr denn den Vogel Greif?" fragte die gute Hexe Tannenmütterchen.

Nein, den kannten die Kinder nicht, und da sagte die Hexe: „Dann will ich euch einmal von ihm erzählen. Hört zu, es ist

Das Märchen
vom Vogel Greif

Da war einmal ein Kind, das wollte nicht lernen. Immer sagte es: „Ach was, im grünen Wald, da ist es doch viel schöner als in der grünen Schule." Und es ging einfach in den Wald und nicht in die Schule.

Und wenn der Lehrer zu ihm sagte: „Aber du mußt doch etwas lernen", dann sagte das Kind und lachte: „Die Hasen und Rehe haben auch nichts gelernt und leben trotzdem vergnügt."

Und es lief hinaus in den Wald. Und das Kind pfiff und sang, kletterte auf die höchsten Bäume, kroch durch die dicksten Büsche und erschreckte die armen Vögel in ihren Nestern.

Und wie es so durch den Wald lief, da begegnete das Kind einem Hasen, einem kleinen Hasen. Und es sagte: „Guten Tag, Häschen, du hast es gut, du brauchst nichts zu lernen."

Da setzte sich der kleine Hase auf seine Hinterbeine, und er sagte: „Na, du bist aber ein dummes Kind. Was glaubst du wohl, wo ich jetzt hingehe? In die Schule gehe ich, wenn du es genau wissen willst."

„Nein, so etwas", rief das faule Kind, „da möchte ich gern mitkommen und eure Schule sehen." Und die beiden rannten miteinander, und sie kamen an eine alte Scheune. Das war die Hasenschule.

Da saßen hundert kleine Hasen vor einem großen alten Hasen, und das war der Hasenlehrer.

Und gerade sagte der Hasenlehrer: „Was für Tiere fressen euch arme kleine Hasen auf?" Und der Hase, der mit dem Kind gekommen war, der mußte antworten. Und er sagte: „Der Fuchs, Herr Lehrer, und das böse Wiesel, und sogar die Hauskatze."

„Richtig", sagte der Lehrer, „aber ist das alles?"

„Nein", rief das Häschen, „da ist nämlich noch der Habicht und die Krähe. Auch der Elster darf man nicht trauen, dem Marder nicht und dem Iltis nicht. Und den Menschen auch nicht, denn die schießen ihn tot und essen den Hasen auf."

Das faule Kind aber sagte zu sich: „Puh, die Hasen müssen auch lernen. Nein, hier mag ich nicht mehr bleiben." Und es lief weg von der Hasenschule und weiter in den tiefen Wald hinein.

Da sah es auf einmal zwei Wildtauben daherfliegen. Und es rief: „Tauben, wohin so eilig?"

Und die Tauben antworteten: „In die Schule, in die Vogelschule!"

„Ei," sagte das faule Kind, „die Vögel haben auch Schule? Die will ich mir einmal ansehen."

Und es rannte hinter den Tauben her und sah, wie sie in einen großen Eichbaum hineinflogen. Der große Baum war schon ganz voll mit Vögeln.

Ganz oben in der Spitze saß die kluge schwarze Dohle, die war der Vogellehrer.

Und das Kind hörte, wie die Dohle eine kleine Meise fragte: „Nun sag mir, was frißt der Fuchs?"

Und die Meise schlug mit den Flügeln und sagte: „Der Fuchs, der frißt Hasen, der frißt Hühner, der frißt Gänse, und manchmal frißt er sogar ein kleines Reh!"

„Ja", sagte die Dohle, „und was frißt er noch?" Aber das wußte die kleine Meise nicht.

„Ich weiß es", piepte eine Grasmücke, „der Fuchs frißt auch die Vögel, wenn er sie kriegen kann, die Rebhühner und den Fasan und die Grasmücke, und aus den Vogelnestern die Eier, die holt er auch."

„Ja, das war richtig", sagte die Dohle. Aber das faule Kind hörte das schon nicht mehr, es lief schon weiter in den Wald hinein, denn von der Vogelschule wollte es nichts wissen.

Und das Kind ging aus dem Wald hinaus und über die Wiese zum Bach, denn die Fische, dachte es, die müssen nun gewiß nichts lernen – da rauschte es auf einmal hoch über den Bäumen, da wurde es auf einmal dunkel über der Wiese.

Das faule Kind meinte, eine Wolke käme herangezogen. Aber es war keine Wolke, es war der Vogel Greif. Und der Vogel Greif war so groß wie ein

Wald, und Federn hatte er so groß wie Tannen.

Der Vogel Greif sah das faule Kind, wie es über die Wiese lief, und er sagte: „Das ist gut. Das will ich fangen und für meine Jungen mitnehmen!"

Und schon hatte er das faule Kind gepackt und flog wieder hinauf in die Luft, hoch zu den Wolken, flog über den Wald, über die Stadt und über die Berge und über das Meer.

Das faule Kind aber schrie und schrie, doch es half ihm nichts. Die Leute sahen den Vogel Greif mit dem Kind in seinen Krallen, und sie erzählten überall: „Wir haben den Vogel Greif fliegen sehen, und in seinen Krallen hatte er ein Kind."

Das hörte auch die Mutter von dem faulen Kind, und sie sagte: „O weh, das ist sicher mein Kind gewesen. Denn es ist aus der grünen Schule nicht mehr nach Hause gekommen."

Und gleich lief sie zu dem großen Zauberer Groffi Wentilator, und sie weinte und sagte: „Großer Zauberer Groffi Wentilator, du hast doch eine Feder vom Vogel Greif. Da weißt du doch sicher, ob er mein armes faules Kind geholt hat."

„Ja", sagte der Zauberer, „ich kann den Vogel Greif ja mal fragen, kann ihn fragen."

Und er ging mit der Mutter in sein Zauberzimmer und faßte die Feder vom Vogel Greif an. Und

gleich rauschte es über den Bergen und wurde es dunkel über der Stadt, und die Leute auf den Straßen schrien und rannten in die Häuser hinein. Denn der Himmel war schwarz vom Vogel Greif.

Aber er schaute mit seinen feuerroten Augen gar nicht auf die Leute, nur das Fenster vom Zauberzimmer suchte er. Und schon steckte er seinen großen Schnabel in das Zauberzimmer und krächzte: „Du hast mich gerufen, hier bin ich nun. Was willst du vom Vogel Greif?"

Und der Zauberer sagte: „Ich will dich nur etwas fragen, Vogel Greif."

„Dann frage mich", sagte der Vogel Greif.

Und der Zauberer Groffi Wentilator fragte: „Vogel Greif, hast du das faule Kind mitgenommen, faule Kind mitgenommen und deinen Jungen gegeben?"

„Ja", sagte der Vogel Greif, „das habe ich getan. Ich habe es mitgenommen in mein Nest über dem Meer. Aber meine Jungen, die haben es nicht gefressen, nein, das haben sie nicht. Sie haben das faule Kind nicht richtig festgehalten. Denn sie sind ja noch so klein, meine kleinen jungen Greifchen, nur so groß wie Elefanten sind sie, die Kleinen. Und sie können noch nicht richtig zupacken. Und da ist das Kind aus dem Nest gesprungen, patsch! ins Meer. Und das ist alles, was ich weiß."

Wie das die Mutter hörte, da weinte sie noch mehr. Aber der gute Zauberer Groffi Wentilator sagte: „Du mußt nicht weinen, vielleicht ist dein Kind nicht ertrunken, vielleicht schwimmt es noch auf dem Meer, auf dem Meer."

Und er klopfte dem Vogel Greif auf den Schnabel und sagte: „Jetzt fliegst du wieder heim, und du fliegst so schnell wie der Wind, so schnell wie der Sturm, und überm Meer paßt du gut auf, und wenn du das faule Kind gefunden hast, dann nimmst du es in deine Krallen und bringst es her, bringst es her." So sagte er, und gleich flog der Vogel Greif davon, flog so schnell wie der Wind, so schnell wie der Sturm übers Meer. Aber das faule Kind sah er nirgendwo.

Er sah aber einen Walfisch, und er flog ganz tief über den Wellen und rief: „Hör einmal, du kleiner Fisch, hast du das faule Kind vielleicht gesehen? Aus meinem Nest ist es gesprungen und patsch! in das Meer hinein."

„Nein, du Vögelchen", sagte der Walfisch, „das faule Kind habe ich nicht gesehen. Ich will aber einmal nachschauen. Warte ein bißchen, gleich bin ich wieder da."

Und er tauchte tief in das Meer und fragte alle Fische und die Meermänner und die Meerfrauen. Aber keiner wußte etwas.

135

Und gerade wollte er wieder auftauchen, da kam er an ein großes Wasserhaus, das war die Schule der Fische. Und richtig, in dieser Schule war das Kind. Genau neben dem Lehrer saß es, und der Lehrer war ein uralter Meermann.

Und der Walfisch hörte, wie der Lehrer die kleinen Fische fragte: „Wovor müssen die kleinen Fische sich in acht nehmen?"

Und ein junger Hering sagte: „Wir müssen uns in acht nehmen vor dem Haifisch und vor dem Lachs und vor dem Angelhaken."

„Ja, das müßt ihr auch" sagte der Meermann, „aber das ist noch nicht alles, auch der Seehund mag kleine Fische, und vor dem Fischernetz müßt ihr euch auch in acht nehmen."

Da machte der Walfisch die Tür vom Wasserhaus auf und schwamm mitten hinein in die Schule. Was haben da die armen kleinen Fische für einen Schrecken bekommen! Ganz wild schwammen sie durcheinander, der eine hierhin, der andere dorthin, zum Fenster hinaus, durch die Tür hinaus, und alle wollten sich nur so rasch wie möglich verstecken.

Der Walfisch schaute sie aber gar nicht an. Nur das faule Kind schaute er an. Er packte es und nahm es in sein großes Maul und hui! tauchte er mit ihm hinauf, wo der Vogel Greif wartete.

„Da bist du ja, faules Kind", sagte der Vogel Greif. „Schade, daß du nicht ertrunken bist. Denn jetzt muß ich mit dir noch einmal zurückfliegen zum großen Zauberer Groffi Wentilator, sonst ist er böse auf mich."

Und er packte das Kind mit seinen Krallen und flog über das Meer, über die Berge, durch die Wolken bis zur Stadt und bis zum Fenster vom Zauberzimmer.

Der Zauberer Groffi Wntilator stand immer noch dort und wartete. Und neben ihm stand die Mutter. Ihr legte der Vogel Greif das faule Kind in die Arme. Und die Mutter lachte und weinte vor Freude und rief: „Vielen Dank, lieber guter Vogel Greif."

Und der Vogel Greif krächzte: „Ja, dann ist es doch gut, daß dein Kind nicht ertrunken ist im Meer." Und hui! flog er davon.

Aber was denkt ihr wohl? Das faule Kind war kein faules Kind mehr. Es ging jeden Tag mit den anderen in die grüne Schule und schrieb und rechnete und malte, und in der großen Pause erzählte es gern von der Hasenschule und von der Vogelschule und von der Schule im Meer. Und wenn ihr in die grüne Schule kommt, dann erzählt es davon auch euch, ihr Kinder vom alten Haus – und das Märchen ist aus.

So erzählte die Großmutter. Und die Kinder sagten: „Das war eine wunderschöne Geschichte, Großmutter!"

Und kaum hatten sie das gesagt, da donnerte es draußen, immer näher kam der Donner, und ein Rasseln kam dazu und ein Rollen. Das war aber kein Gewitter. Das war nur der Bock Brause mit dem Bollerwagen der guten Hexe Tannenmütterchen.

Bis oben war der Wagen beladen mit Erbsenreisern.

Die Großmutter ging mit dem Peter und der Gretel an die Tür vom alten Haus.

Da stand der Bock Brause, das Donnern in der Luft war vorbei, aber er schüttelte sich und schnaubte und stampfte mit den Hufen auf den Boden.

„Ich glaube", sagte die Großmutter, „der Bock Brause will wieder nach Hause laufen zur guten Hexe Tannenmütterchen. Den Wagen aber wollen wir noch hier behalten."

Der Bock Brause nickte mit dem Kopf und hörte auf zu schnauben. Da ging die Großmutter mit den beiden Kindern hin und machte die Leinen los, und der Bock Brause rüttelte sich und schüttelte sich und rannte davon wie der Sturmwind.

„Kommt, Kinder", sagte die Großmutter, „wir setzen uns noch ein bißchen an die Hauswand. Da ist es noch warm von der Sonne. Und weil die Schlüsselblumen blühen auf der Wiese, und weil die Osterhasen die Eier färben, und weil in drei Tagen Ostern ist, will ich euch eine ganz besondere Ostergeschichte erzählen. Und die geht so:

Frau Holle und die Ostereier

An einem Frühlingstag, als eben die Schneeglöckchen ausgeläutet hatten, schloß die gute Frau Holle ihr Häuschen ab. Sie legte sich ihren blauen Mantel über die Schultern, auf den waren silberne Sterne gestickt.

Und sie ging in die Welt hinein und sah es überall blühen. Da pflückte sie sich einen Osterstrauß, gelbe Himmelschlüssel an den Hängen, blaue Vergißmeinnicht an den Wiesenbächen, und bei den Büschen den roten Seidelbast.

Und wie die Frau Holle einen kleinen Wiesenweg ging, da begegnete sie einer Bauersfrau, die hatte einen Korb Eier am Arm. Die Bauersfrau trat zur Seite, als die Frau Holle in ihrem schönen blauen Sternenmantel an ihr vorüberging. „Einen recht guten Morgen wünsch ich", sagte sie.

„Danke schön, liebe Frau", sagte die Frau Holle, „aber willst du mir nicht ein Ei geben? Dann färb ich es mit Vergißmeinnicht."

Die Bauersfrau reichte ihr das ganze Körbchen, doch die Frau Holle nahm nur ein Ei, hielt es an die Vergißmeinnicht und sagte:

„Blau, das ist des Himmels Farbe.
Sollst gesegnet sein.
Bindet ihr euch eine Garbe,
tragt ihr dreie ein!"

So sagte die Frau Holle. Das Ei aber war blau wie der Himmel. Und die Frau Holle ging weiter ihres Weges.

Nicht lange, da begegnete sie einer Bäckersfrau. Und auch die hatte ein Körbchen mit Eiern. Und wie sie die Frau Holle in ihrem blauen Sternenmantel sah, trat sie zur Seite und sagte: „Ich wünsch euch eine gute Zeit!"

„Danke schön, liebe Frau", sagte die Frau Holle, „aber willst du mir nicht ein Ei geben? Dann färb ich es rot wie den Seidelbast."

Und die Bäckersfrau wollte ihr gleich das ganze Eierkörbchen geben, aber die Frau Holle nahm nur ein Ei heraus, hielt es an den Seidelbast und sagte:

„Rot ist Blut, und Blut ist rot.
Segen deinem Haus.
Wenn du backst, für jedes Brot
zieht ihr drei heraus!"

So sagte sie, und das Ei war rot wie der Seidelbast. Und die Frau Holle ging weiter und weiter, über die Wiesen, zu den Büschen und hinein in den Wald.

Im Wald aber, gerade dort, wo der Weg zu den sieben Bergen geht, da kam ein kleines Mädchen den steinigen Pfad herabgerannt. Das hielt ganz vorsichtig ein Ei in der Hand. Und es lächelte die Frau Holle an und sagte: „Einen schönen Tag wünsch ich von Herzen!"

„Danke schön, liebes Kind", sagte die Frau Holle, „aber willst du mir nicht dein Ei geben? Dann färb ich es gelb an den Schlüsselblumen."

Das Kind betrachtete das Ei in seiner Hand und sagte: „Liebe Frau, das Ei, das hat mir die Förstersfrau geschenkt für meine Mutter. Denn meine Mutter, die ist so krank. Aber euch, liebe Frau, will ich es gern geben. Vielleicht schenkt mir die Förstersfrau ein anderes Ei, wenn ich sie darum bitte."

Die Frau Holle hielt das Ei an die Schlüsselblumen, und da war es so gelb wie die Sonne. Und die Frau Holle sagte:

„Sonnenfarbe, die ist Gold.
Liebes Kind, ich bin dir hold.
Küsse dich auf deinen Mund:
Deine Mutter ist gesund!"

So sagte sie und küßte das Kind auf den Mund, aber als sich das Kind umdrehte, um die Frau Holle noch etwas zu fragen, da war sie fortgeweht wie ein leichter Wind.

Das Mädchen aber lief nach Hause, und da stand seine Mutter schon in der Tür und war gesund.

Auch die Bauersfrau und die Bäckersfrau waren nach Haus gekommen. Und auch der Bauer stand schon an der Tür und wartete. Und er sagte: „Sieh doch nur unsere Scheune an und unseren Speicher!"

Da lief die Frau ins Haus hinein und sah: wo am Morgen nur ein Sack Mehl gestanden hatte, da standen jetzt drei, der ganze Speicher war voll Mehl und Korn, die Scheune voll Heu und der Keller bis oben an den Rand voller Kartoffeln.

Und die Bäckersfrau? Wie die nach Hause kam, da lagen die Fensterbänke voll mit Brot, Brot lag auch auf allen Tischen, und der Bäcker sagte: „Denk dir nur, wenn ich ein Brot in den Ofen schiebe, dann zieh ich immer drei heraus!"

Die beiden Frauen erzählten ihren Männern, wem sie unterwegs begegnet waren, und sie dachten, daß es wohl mit der alten Frau im blauen Sternenmantel zu tun hatte, wenn der eine nun der reichste Bäcker und der andere der größte Bauer geworden war.

Tag um Tag ging vorüber. Das Korn blühte und reifte, und wenn der Bauer eine Garbe band, dann standen dreie da, und wenn er im Herbst einen

Sack Kartoffeln ausgegraben hatte, dann wurden es drei, die er daheim vom Wagen ablud. Und der Winter kam mit Schnee und Eis, mit Sturm und Wolken.

Dann aber kam wieder der Frühling. Und wieder schloß die gute Frau Holle ihr Häuschen ab und ging hinaus in die Welt. Aber diesmal ließ sie ihren blauen Sternenmantel daheim. Sie sah aus wie eine arme alte Frau. Ein Körbchen hatte sie am Arm, darin lagen ein paar dürre Tannenzweige.

Zuerst kam sie ins Dorf und klopfte an die Tür vom Bauernhaus. Als die Bauersfrau die Tür aufmachte, da sagte die Frau Holle: „Liebe Frau, ich bin so arm. Schenkt mir doch ein Osterei."

Aber die Bauersfrau wollte sie gar nicht anhören und sagte nur: „Schon wieder so ein Bettelweib! Immer soll man schenken und schenken! Wir haben selber nichts! Mach daß du fortkommst, sonst lasse ich den Hund los!" Und sie knallte die Haustür zu.

Die Frau Holle aber ging weiter, schüttelte den Kopf und sagte leise:

„Grau ist Armeleutefarbe,
Wasser ist ihr Wein.
Bindet ihr euch eine Garbe,
soll's ein Korn nur sein!"

145

Und wie sie das sagte, da gab's ein Poltern im Bauernhaus, ein Rascheln und Rischeln, und auf dem Kornspeicher rumpelte es. Und wie die Bauersfrau nachschauen ging, da lagen auf dem Kornspeicher die Säcke leer und zusammengefallen, da war nur noch eine Handvoll Mehl in den dicken Mehlsäcken, da war nur eine Kartoffel noch in jedem Kartoffelsack, und im Hühnernest war nur noch ein einziges Ei.

Da merkte die geizige Frau, was sie angerichtet hatte. Und sie rannte zur Tür und wollte der alten Frau nachlaufen und ihr sagen: „Ich hab es so bös nicht gemeint!" Aber da war niemand mehr zu sehen.

Die Frau Holle stand vor dem Bäckershaus. Wieder klopfte sie an und sagte, als die Bäckersfrau an die Tür kam: „Liebe Frau, ich bin so arm. Schenkt mir doch ein Osterei."

„Was?" rief die Bäckersfrau, „immer nur schenken und schenken! Wir haben nichts übrig! Ich ärgere mich noch schwarz! Pack dich!"

Und sie knallte die Tür zu.

Die Frau Holle aber ging weiter, schüttelte den Kopf und sagte leise:

„Schwarz ist Not und schwarz der Tod.
Segen, aus dem Haus!
Wenn ihr backt, statt gutes Brot
Asche kommt heraus!"

Und als sie das gesagt hatte, da kamen auch schon die Gesellen zur Bäckersfrau und riefen: „Meisterin, das ganze Brot ist verbrannt!"

Ja, da merkte die geizige Frau, was sie angerichtet hatte. Und auch sie wollte der alten Frau nachlaufen und ihr sagen: „Ich hab es so bös nicht gemeint!" Aber sie war nirgendwo zu sehen.

Die Frau Holle aber ging weiter über die Wiesen und an den Büschen vorbei in den Wald, und sie kam zu dem Häuschen, wo das arme Kind wohnte mit seiner Mutter. Und sie klopfte an die Tür.

Da kamen das Mädchen und seine Mutter an die Tür.

„Ihr lieben Leute", sagte die Frau Holle „ich bin so arm. Könnt ihr mir ein Osterei schenken?"

„Gute Frau", sagte die Mutter, „kommt in unser Häuschen, dann will ich euch eine Suppe kochen und ein Stück Brot geben. Mehr haben wir selber nicht."

Und die Frau Holle setzte sich in die Küche auf die Bank am Ofen. Die arme Frau aber machte

Feuer im Herd und kochte eine Suppe. Und zu dem Mädchen sagte sie: „Kind, lauf doch in den Hühnerstall und schau nach, ob unser Huhn vielleicht ein Ei gelegt hat. Das können wir unserem Gast geben."

Das Kind lief hinaus, und die Frau Holle sagte leise:

„Halleluja, sing und sage,
bald ist Osterfest.
Und nun findet alle Tage
voll das ganze Nest!"

Und schon rief das Kind aus dem Hühnerstall: „Mutter, Mutter, komm geschwind her! Ich kann die Eier nicht tragen! Das ganze Nest ist voll!"

Das wollte die Mutter nicht glauben, und sie nahm nicht einmal ein Körbchen mit zum Hühnerstall. Als sie aber die vielen Eier sah, da freute sie sich sehr, und sie sagte: „Nun können wir der armen Frau einen wunderschönen Eierkuchen backen, und wir können ihr sogar Ostereier mitgeben!"

Und das Kind und die Mutter gingen schnell in die Küche, um einen Korb zu holen. In der Küche aber, da war keine alte Frau mehr. Aber es roch wunderschön nach Flieder und nach Seidelbast.

148

Und auf dem Tisch lagen drei Eier, drei Ostereier: ein blaues, ein rotes und ein gelbes, und das
gelbe leuchtete wie die Sonne. Wie aber die Mutter die Eier anfaßte, da merkte sie: das blaue und
das rote waren Edelsteine, die funkelten und blitz-
ten, und das gelbe war reines Gold.

Das Mädchen aber sagte zu seiner Mutter:
„Liebe Mutter, jetzt weiß ich es wieder: das war
die alte Frau, die dich gesund gemacht hat damals."
Und nun lebten die beiden glücklich in ihrem kleinen Haus – und das Märchen ist aus.

So erzählte die Großmutter. Und gerade wollte der Peter den Mund aufmachen und sagen: „Das war aber ein schönes Märchen" – da sah er etwas anderes: der Bollerwagen von der guten Hexe Tannenmütterchen stand nicht mehr draußen.

„Großmutter", fragte er, „ob die gute Hexe Tannenmütterchen wohl ihren Wagen weggezaubert hat?"

Die Großmutter schüttelte den Kopf und zeigte zum Küchenfenster. Und was meint ihr wohl, was die Kinder sahen: ein Männchen sahen sie, ein wunderschönes Männchen mit einem Hütchen von Disteln, einem Röckchen von Mausefell, einer Hose von Tannenrinde und einem Mantel aus Spinnweben. Das Scheunenmännchen Scheunenpuck saß da und rief: „Hihi, Kinder, den Wagen mit den Reisern, den hab ich doch schon längst in mein Gärtchen gebracht!"

Und es winkte den Kindern, und die liefen mit ihm am alten Haus vorbei und zur Scheune und in die Scheune hinein und hinter die Bohnenstangen und durch das Türchen, und schon waren sie in ihrem kleinen Gärtchen. Und die Erbsenreiser standen alle auf dem Erbsenfeld.

Das Scheunenmännchen sahen sie nicht – bis auf einmal, da machte es „Hihi!" im Kirschbaum, aber die Kinder sahen nichts, denn das ganze

Bäumchen war voll mit weißen Blüten. Darin bewegte sich etwas, und sie sahen das Scheunenmännchen Scheunenpuck ganz oben in der Spitze des Kirschbaums. Sie riefen: „Komm herunter, Scheunenmännchen, komm herunter!"

Aber das Scheunenmännchen gab keine Antwort. Es legte den Finger an den Mund.

Da wurden die Kinder ganz still, und sie machten die Ohren auf und lauschten. Und richtig, sie hörten, wie die Glocken anfingen zu läuten von allen Türmen der Stadt. Immer lauter klangen die Glocken, sie sangen ein mächtiges dröhnendes Lied, über Gärten und Wiesen, über Häuser und Berge und über die weiten, weiten Wälder.

Auf einmal aber, da hörten die Glocken auf zu läuten, und wie nun alles still war, nicht einmal ein Vogel zwitscherte und kein Windchen raschelte, da begann es hoch in der Luft zu rauschen.

Aber das war kein Vogel Greif. Die Kinder sahen nach oben, und da sahen sie grad über das alte Haus die Glocken fliegen, die dunklen und die hellen Glocken. Aus allen Türmen kamen sie, große und kleine, aus allen Dörfern und Städten. Und sie schwebten ganz langsam und ganz leise immer weiter und weiter, übers Dach und über die Bäume, und dann sah man sie nicht mehr.

Und grad wollten die Kinder das Scheunenmännchen fragen, da hörten sie auch schon die
Großmutter rufen aus dem Haus: „Habt ihr es gesehen, Kinder, da sind die Glocken nach Rom geflogen! Und wenn sie in drei Tagen wiederkom-
men, dann ist Ostern!"

Und dann begann die Großmutter zu singen,
und die Kinder sangen mit, und sogar das Scheunenmännchen brummte ein bißchen, und das
Lied ging so:

„Es blüht im Berg, es blüht im Tal.
Die Glocken sind nach Rom.
Und läuten sie das nächstemal,
und läuten hoch im Dom,
dann halleluja sing und sag,
ja, dann ist Ostertag!"